Alois Markschläger

zeitGESCHICHTEn
aus Mama's Tagebuch

Alois Markschläger

zeitGESCHICHTEn
aus Mama's Tagebuch

Impressum

Bibliografische Information der Deutschen Nationalbibliothek:
Die Deutsche Nationalbibliothek verzeichnet diese Publikation in der Deutschen Nationalbibliografie; detaillierte bibliografische Daten sind im Internet über http://dnb.dnb.de abrufbar.

Covergestaltung: Peter Markschläger

Verlag: BoD · Books on Demand GmbH, In de Tarpen 42, 22848 Norderstedt, bod@bod.de
Druck: Libri Plureos GmbH, Friedensallee 273, 22763 Hamburg

ISBN: 978-3-7693-1439-7

Zum 100. Geburtstag
von Cäcilia Markschläger

1 Cäcilia Markschläger 1925 - 2012

Inhaltsverzeichnis

Vorwort

Meine Mutter hat gerne aus ihrem Leben erzählt. Damit ihre Geschichten erhalten bleiben, hat ihr mein Bruder ein Buch mit der Widmung geschenkt:

„Schreib bitte in dieses Buch die Geschichten von Anno dazumal, damit deine Kinder, die Enkelkinder und die Urenkel auch noch an deinen Erzählungen teilhaben können."

Und irgendwann hat sich Mama dazu entschlossen, ihre Lebensgeschichte, ihre Lebensg'schicht'n, aufzuschreiben. Aus einigen ihrer Bemerkungen in dem Buch sieht man, dass ihr das nicht ganz leicht gefallen ist. Aber sie hat es durchgezogen. Dafür herzlichen Dank.

Ihre Aufzeichnungen[1] sind Zeugnisse einer Zeit, die für viele heute – 100 Jahre später – kaum vorstellbar sind. Als Kind, später als Jugendlicher und heranwachsender Mann, habe ich die Geschichten von Mama persönlich gehört. Ihr Gesichtsausdruck, ihre Mimik, der Tonfall in ihrer Stimme und ihre ganze Person machten ihre Erzählungen zu einem Erlebnis.

Meine Mutter lebte, bis sie dreizehn war, in Inzell, einem kleinen Dorf in der Nähe der Schlögener Schlinge. Dann arbeitete sie etwa zehn Jahre in Wesenufer, das fünfzehn Kilometer donauaufwärts liegt. Den Rest ihres Lebens verbrachte sie in Aschach. Ihr Leben wurde von der Donau begleitet. Die Liebe und die Beziehung zur Donau habe ich von ihr geerbt.

Obwohl sich ihr Leben in einem eng begrenzten Teil Österreichs abspielte, glaube ich, dass ihre Lebensgeschichte und ihre

---

[1] Es ist nicht die Lebensgeschichte (Biographie) meine Mutter, es sind Geschichten aus ihrem Leben.

G'schicht'n auch in anderen Regionen in ganz Österreich ähnlich wären.

Mit meinen Kommentaren meiner Mutter möchte ich eine Brücke zur Gegenwart schlagen. Die Geschichten erzählen, wie es damals war. Warum dies so war und wie sich Vieles seither entwickelt hat, versuche ich herauszuarbeiten. Ich möchte eine Brücke von der Vergangenheit in die Gegenwart schlagen und zeigen, woher wir kommen und warum wir heute so sind, wie wir sind. Aufbauend auf den Geschichten der Mama kann ein anschaulicher Zeitunterricht entstehen: Geschichte anhand von Geschichten.

Ich habe versucht, in den Worten und in den Aufzeichnungen meiner Mutter den Zeitgeist von damals nachzufühlen. Ich hoffe, ihn richtig erfasst zu haben.

Wenn es mir mit meinen Anmerkungen gelungen ist, etwas von dem Ton und von der Mimik meiner Mutter bei ihren Erzählungen zu übertragen, würde mich das besonders freuen.

Hinweise zum Lesen:

Die Aufzeichnungen meiner Mutter sind in normaler Schrift.

Meine Anmerkungen erscheinen kursiv.

Meine Mutter hat auch das Tagesgeschehen festgehalten, das mit den Geschichten selbst nichts zu tun hat. Um ihr Leben und ihre Gedanken der Zeit zu zeigen, als sie die Aufzeichnungen verfasste, habe ich einen Teil der Nebenbemerkungen belassen. Diese erscheinen in einer kleineren Schrift.

Die Aufzeichnungen von Mama habe ich mit Ausnahme von Belanglosem und zu persönlichen Darstellungen ungekürzt übernommen. Die Texte habe ich im Original belassen, um ihre Sprache zu verwenden. Auch Rechtschreibfehler habe ich nicht korrigiert, um die Inhalte möglichst authentisch zu übermitteln.

Eigennamen habe ich weggelassen, um den Forderungen des Datenschutzes nachzukommen. Satzzeichen habe ich ergänzt, soweit es zu einem besseren Verständnis sinnvoll war.

Mama hat ihre Geschichten so aufgeschrieben, wie sie sie erzählt hat. Dadurch entstehen manchmal eigenartige Satzstellungen, Satzzeichen und Füllwörter. Stell dir beim Lesen einfach vor, dass du neben einer älteren Frau sitzt, die dir Geschichten erzählt.

Obwohl meine Mutter nur sieben Klassen Volkschule besucht hat und später eher selten schreiben musste, sind ihre Wortwahl und ihr Wortschatz bemerkenswert.

Fasziniert hat mich ihre Handschrift, die trotz geringer Übung bestechend klar, gleichmäßig und immer zu hundert Prozent leserlich ist.

2 Die Handschrift meiner Mutter

Einen Teil ihrer Erinnerungen hat mein Bruder Helmut für sie und mit ihr aufgeschrieben. Dies habe ich bei der Einteilung dieses Buches berücksichtigt und darauf hingewiesen.

Apell an dich!
Hast du bereits Kinder oder Enkelkinder? Wenn ja, denke daran, dass diese dein Leben und unsere Welt nur verstehen können und verstehen werden, wenn du ihnen möglichst viel von deinem Leben erzählst oder wenn du deine G'schicht'n aufschreibst.

Danke, dass du zu diesem Buch gegriffen hast! Ich wünsche dir eine interessante, vielleicht auch eine lehrreiche Unterhaltung.

Die Originalberichte von Mama

Einleitung und Kindheit

Nun meine lieben Kinder, Enkel und Urenkel, nun muss ich halt wirklich zum Schreiben anfangen.

Aus diesen Zeilen ist eine Scheu, vielleicht sogar etwas Angst, vor dem Schreiben erkennbar. Im letzten Jahrhundert haben wenige Menschen etwas geschrieben. Außer Kochrezepten, kurzer Briefe und Post- und Ansichtskarten gab es kaum eine Notwendigkeit zum Schreiben. Daher fehlte die Übung. Umso mehr bewundere ich den Entschluss von Mama.

Es ist heute einmal so ganz ruhig - der Tag vor Silvester - meistens rufen mich meine Nachbarinnen schon zu Mittag an. Aber ich bin schon um halb Eins nach Aschach gefahren, so konnten sie mich auch nicht erreichen: Frau H. und Frau S.

Mama hatte zwar sehr gerne Kontakt, ein Mindestmaß an Freiheit war ihr aber manchmal wichtiger.

Ich glaub ich schreib gleich in Druckschrift, sonst können es die Hälfte nicht lesen.

Die Unsicherheit, mit welcher Schrift sie schreiben soll, hat einen Hintergrund. Meine Mutter hat in der Schule die Kurrentschrift gelernt. Diese wurde 1941 gesetzlich abgeschafft. Es wurde auf die lateinische Schrift umgestellt. Die lateinische Schrift musste sich meine Mutter selbst erlernen, da sie 1939 aus der Schule kam.

Ich habe die Kurrentschrift in der Schule noch gelernt, aber nie verwendet. In der Kurrentschrift gibt es unterschiedliche Strichstärken. Aufstriche werden dünn, Abstriche dicker gezogen. Dafür gab es eigene Federn. Daher ist es kaum möglich, mit einem

Kugelschreiber in exakter Kurrentschrift zu schreiben. Kurrent ist anspruchsvoller als die lateinische Schrift, dafür ist sie auch schöner.

Also – geboren bin ich den 10. Februar 1925 in Grafenau an der Donau, gehört zur Gemeinde Niederkappel.
Mein Vater war ganz in der Nähe beschäftigt - im Steinbruch, er war bei der Strombauleitung.

3 Der Vater meiner Mutter

Ich muss wieder in Latein weiterschreiben, sonst kommt ein durcheinander heraus.
31. Dezember 98, ein ganz wichtiger Tag. Der Euro kommt heute.

Die Währungsumstellung hatte eine besondere Bedeutung. Für diese Generation war sie nicht die erste. Bis zu Einführung des Schillings 1924 gab es die österreichische Krone aus der Monarchie. Der Schilling wurde 1938 mit dem An-

4 Der „alliierte" Schilling

schluss an Deutschland durch die Reichsmark ersetzt. Ab 1945 gab es wieder den Schilling, der bis 1947 der „Alliierte Schilling" (Er wurde von den Alliierten gedruckt.) war.
1947 wurde der „neue Schilling" eingeführt (Umtausch mit dem alten im Verhältnis 3:1). Am 01.01.2002 wurde auf den Euro umgestellt (1 € = 13,7603 öS).

Meine Mutter kam von Putzleinsdorf nach Grafenau als Magd zu dem Bauern, wo wir wohnten, als ich geboren wurde.

An diese Wohnung kann ich mich natürlich nicht erinnern, weil als ich zwei Jahre alt war, zogen wir nach Inzell. Aber das hatte natürlich einen

5 Die Mutter meiner Mutter

bestimmten Grund, weil sie weg zogen. Ich war daran schuld, hab' ein kleines „Pipi-Henderl" vor lauter Liebe in den Händen zerdrückt. Dass der Hausherr so viel geschrien hat, dass sie einfach ausgezogen sind.

Aber auch meine Schwester Anni ist auch noch in Grafenau geboren.

Mit der Druckschrift geht es nicht richtig!

Wahrscheinlich waren die Gedanken für die aufwendige Druckschrift doch etwas zu schnell.

Paula – meine zweite Schwester – ist dann schon in Inzell geboren. Ich war da gerade gute 4 Jahre, aber ich weiß noch, dass da im Schlafzimmer was los war; was man halt Schlafzimmer nennen konnte, war ganz klein, auch die Wohnküche war auch ganz klein. Ja, auf einmal kam da die Frau, das war die Hebamme, heraus und legte ein schreiendes Kind auf einen Polster auf den Tisch.

6 Die Familie Staltner

Ich kann mich auch noch an die Anni erinnern. Die fing so spät zu laufen an, die ist so schnell gekrapelt, dass Mutter sie gar nicht erwischen konnte.

Ja, wir hatten eine kleine Wohnung, aber einen kleinen Stall dabei für ein paar Ziegen und ein Schwein. Da hatten wir bei den Bauern in Inzell ein paar Acker bekommen, zum Kartoffeln, Kraut und Rüben ansetzen. Dafür mußte die Mutter arbeiten helfen. Ja, das war eine Zeit, so viel sparen mußten die Eltern. Aber wir hatten doch eine schöne Jugend. Eine schöne Kinderzeit!

Die Möglichkeit, ein Grundstück nutzen zu dürfen, hat damals das Überleben zumindest erleichtert, wenn nicht sogar gerettet.

Aus heutiger Sicht war die Zeit damals alles anders als schön. Trotzdem schreibt Mama: „Aber wir hatten doch eine schöne Jugend."

Ich kenne viele Generationen: eine ältere, eine gleichaltrige, eine jüngere und eine wesentlich jüngere als meine. So unterschiedlich die Kindheit und die Jugend dieser Generationen waren, sie haben etwas gemeinsam: (Fast) alle waren sie schön.

Es wird wohl nicht die Zeit, sondern eher die Kindheit sein, an die wir unsere Erinnerungen knüpfen. So schrecklich die Zeiten waren, durch die Kindheit und die Erlebnisse in der Kindheit wurden sie nicht nur erträglich - sie waren schön.

Inzell war eh fast von der Welt ausgeschlossen. Es führte von Schlögen hinunter nur ein kleiner Radweg. Konnte kein Auto hin. Natürlich gab es zu dieser Zeit so wie so noch nicht viele, welche ein Auto hatten.

7 Die Schlögener Schlinge, die Heimat meiner Mutter

Es ist heute kaum vorstellbar, dass ein Ort nicht mit einem Auto erreichbar ist. Man war zu Fuß oder mit dem Rad, soweit man eines besaß, unterwegs. Transporte erfolgten mit einem Pferde- oder Ochsenfuhrwerk, manche auf der Donau. Alles ging langsamer - aber schnell genug.

Leg das Buch kurz weg und stell dir vor, dass du ein ganzes Jahr, ein ganzes Leben kein Auto hörst. Schrecklich? Oder ein erster Vorgeschmack auf den Himmel?

Die Donau

Das einzige gefährliche war halt die Donau. Immer wieder wurde uns eingeschärft: „Geht ja nicht zu weit hinein. Da kommt der Wassermann und holt euch!"

Ein Drohen mit etwas Schrecklichem (Wassermann) war früher in der Kindererziehung gebräuchlich – ein Horror für heutige Kinderpsychologen.

Aber es war so schön zum spielen bei der Donau; was wir da alles gebaut haben mit dem feinen Sand.
Jeden Tag sind wir da gegangen – das hieß: „Sachen suchen!".
Was wir da alles fanden: Puppen, Schachterl - war ein Ring drinnen - und so viele Taschentücher, wie sie von den Schleppern hinunter gefallen sind. Mutter hat sie ein paar Mal ausgekocht. Da hat man sich nicht fürchten müssen, dass man krank wird.

Die schweren Lasten wurden mit Schleppschiffen („Schleppern") transportiert: Ein Zugschiff zog mehrere Schlepper. Schlepp und Zugschiff waren mit Seilen verbunden. Der Schlepp hatte einen eigenen Steuermann. Sehr oft hat eine ganze Familie mit Hund und sonstigem Haustier auf einem Schlepp gewohnt.

8 Schleppverband

Die Schifffahrt war die wirtschaftliche Basis für die großen Donaugemeinden. Auf jedem Schiff lebten viele Menschen, die ihren täglichen Bedarf in den Donauorten abdeckten. Die „Schiffer" (So nannten wir die Belegschaft der Schiffe.) gingen mit riesigen Taschen in den Orten einkaufen. Eine Bevorratung war wegen

fehlender Kühlmöglichkeiten nur beschränkt möglich. Also musste vor Ort eingekauft werden.
Von den Schiffen fielen auch viele Gegenstände in die Donau und wurden auf Schotterbänken (Schotterhaufen) angeschwemmt.

Wir haben auch fast immer von dem Holz, welches am Schotterhaufen angeschwemmt wurde, geheizt.

Auch wenn Hochwasser war, da hat man so viel auffangen können mit der Zille - aber auch gefährlich. Die Donau war da so ein reißender Strom. Wenn dann das Wasser wieder zurück ging, dann mußten wir wieder die ganze Schotterbank absuchen, auf Haufen zusammen legen und dann mit der Zille holen.

Das vergiß ich auch nicht: Bin einmal mit dem Vater gefahren, als wir Holz zusammen eingeladen haben, wir hatten die Zille ganz voll, kam ein Sturm, der Vater sagte: „Knie dich fest auf die Seite wo der Wind kommt und bete!"
Ja, er war ein braver Vater. Er hat mich so gelobt, wenn ich was gemacht hab.

Eine Zille wurde aus Holz gebaut, war zwischen 5 m und 7 m lang (Extremkonstruktionen bis zu 15 m) und zwischen 0,9m und 2m breit und läuft an ihren Enden spitz zusammen.
Zillen waren Wasserfahrzeuge des täglichen Lebens und wurden vielfältig eingesetzt: Transport von Menschen und Gütern, Fischen, Ausflüge ….) Stromaufwärts wurden sie mit Stangen geschoben („stangeln" oder „stechen"), stromabwärts wurde gerudert. Bundesheer und Feuerwehren verwenden heute Zillen bei Wassereinsätzen (meist mit Außenbordmotoren). Inzwischen sind Zillen auch als Sport- oder Freizeitboote beliebt.

Die Donau war in Österreich ein reißender und gefährlicher Strom mit einem beachtlichen Gefälle. Erst in der zweiten Hälfte des 20. Jahrhunderts wurde sie durch Kraftwerke „gezähmt". Heute erinnern nur noch wenige Strecken - zum Beispiel die Wachau - an die Urkraft des Flusses. Um zu erleben, wie mächtig die Donau war, musst du in der Wachau über die Donau schwimmen (Aber bitte nur gute Schwimmer).

Flöße und Zillen – vom Fluss und von Menschen bewegte Wasserfahrzeuge

Flöße wurden für Transporte flussabwärts eingesetzt. In erster Linie waren sie für den Holztransport vorgesehen. Ein Floß zu lenken, erforderte hohe Geschicklichkeit und großen Mut. Viele Männer verloren dabei ihr Leben.

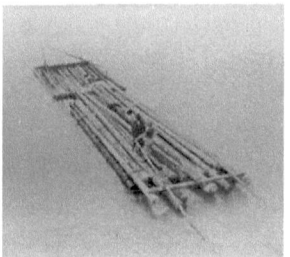

9 Eine Floßfahrt

10 Wenn der Vater mit den Söhnen

11 Floßfahrt mit Rädern für die Heimfahrt

13 Ausflug mit der Zille

12 Eine moderne Motorzille

14 Den Sonnenaufgang in der Zille zu genießen, ist ein besonderes Erlebnis.

Die Strombauleitung

Fast 200 Jahre hat sich die Strombauleitung (Vorgängerin der Via Donau) „um die Donau gekümmert". Ihre Aufgaben waren die Flussregulierung und teilweise die Vertiefung, die Ufersicherung und der Hochwasserschutz, die Schaffung und die Pflege von Flussbauwerken zur Lenkung und Stabilisierung des Flusslaufs. Dafür betrieb die Strombauleitung auch Steinbrüche und baute Transportschiffe.

„Ordentliche" Donauufer waren vor allem in der Zeit wichtig, als die Schiffe donauaufwärts noch gezogen wurden. Pferde – bei kleineren Schiffen auch Menschen - zogen auf den Treppelwegen die Schiffe. Dies nannte man „Treideln".

Unterhalb des Treppelwegs nach der Uferböschung gibt es noch einen Schwemmpfad (Unterwasserweg), der bei normalem Wasserstand überflutet ist. Diesen schätzen und nutzen Zillenfahrer, wenn sie stromaufwärts fahren (stangeln).

15 Uferbefestigung

16 Im Steinbruch

17 Der Trauner

18 Trauner und Steinbruch

19 Trauner im Einsatz

20 Steinbruch in Aschach

Die Schule

Inzell hatte nur 6 Hausnummern, aber Kinder gab es viele. Aber als ich zum Schulgehn anfing, da waren noch nicht viele. Das erste Jahr mußte ich bis Kobling zur Überfuhr gehen, immer neben dem Wald und neben der Donau.

21 Obermühl, der Schulort meiner Mutter

Da hatte ich schon so manche Erlebnisse: Einmal lag so eine große Schlange über den Weg, war ja auch ein schmaler Weg. Und die ging nicht weg, weiß wie lange nicht.

Einmal - ich mußte immer über den „Schopperplatz-Zillenbau" gehen und das war ein großer. Der gehörte dem B., der machte sogar einmal 2 Schlepp aus Holz und so viel Trauner, Plätten, Zillen und was weiß ich noch so vieles. Da verwenden sie so Klampferl - spitze für die Zillen. Da waren natürlich so viele Holzscharten, das man nicht sah, was unten lag. Ich hab mir ein solches in den Fuß hinein gerannt. Wir mussten immer barfuß gehen - kein Geld für Schuhe.

22 Schopperwerkzeug und Klampferl

Ja daß ich weiter erzähle: ich gehe einfach weiter und weine weil es so weh tat. Ich glaub damals hatte ich bestimmt einen Schutzengel. Ich hatte nämlich die Jause vergessen. Die Mutter rannte mir nach und schrie immer, aber ich ging weiter, ich wäre mit dieser Verletzung in die Schule gegangen. Die Mutter rannte und schrie, endlich hörte ich sie, sie trug mich dann heim. Wenn das nicht ein Glück war.

Zillen und Plätten (große Transportzillen) wurden auf Schopperplätzen gebaut. Der Ausdruck kam daher, dass die Zwischenräume zwischen den Holzbrettern mit Moos „ausgeschoppt"

23 Schopper bei der Arbeit

wurden. Die Bretter wurden mit Eisenklampfen zusammengehalten.

Auch wir sind als Kinder im Sommer barfuß gegangen. Je mehr die Straßen asphaltiert wurden, umso seltener gingen wir barfuß. Das könnte daran gelegen sein, dass Asphalt als ungesund galt, eher war es aber der steigende Wohlstand, der plötzlich sogar für Schuhe reichte.

Wie bei den Schuhen gespart wurde, habe ich aus einer Geschichte meines Großvaters erfahren. Der war Schuster in Wesenufer und hatte Kunden in Linz. Wenn er mehrere Schuhe fertig hatte, hat er diese selbst zugestellt. Nach Linz (ca. 50 km) fuhr er teilweise mit dem Schiff, teilweise war er zu Fuß unterwegs. Da hat er die Schuhe ausgezogen, um zu sparen.

Ich mußte ja um 10 ^{h} schon fort gehen, um 12^h fing die Schule an, bis 4^h am Nachmittag. Wir hatten ja nur einen Lehrer. Die Großen hatten Vormittag Schule und die Kleinen Nachmittag. Wenn ich am Schulweg vorbei ging bei der Großmutter und sie sah mich, hat sie mich immer hineingeholt und mir was zum

Essen gegeben. Im Winter war es dann schon ganz finster beim Heimgehn von der Schule.

Für uns ist es unvorstellbar, dass der Schulweg so lange dauert wie der Unterricht und dass Kinder täglich vier Stunden auf dem Schulweg unterwegs sind. Allen beschwerlichen Bedingungen zum Trotz war es vielleicht auch eine „gesunde" Zeit.

Aber damals waren ganz andere Zeiten, da hat es nicht so viele schlechte Leute gegeben, ich weiß nicht wie - man kann auch nicht sagen, dass die Menschen anders waren, aber fürchten hat man sich nicht müssen.

Warum musste sich ein kleines Mädchen, das stundenlang allein zwischen Wald und Donau, teilweise in der Dämmerung oder in der Dunkelheit in die Schule und nach Hause ging, nicht fürchten? Sicher waren die Menschen damals nicht besser als heute. Aber in einem abgeschiedenen Ort wie Inzell gab es kaum Informationen über die Schlechtigkeiten der Welt.
Es gab weder Fernsehen, noch Rundfunk. Und Zeitungen waren nicht nur teuer, sie waren nicht für Kinder bestimmt. Mein Großvater ließ meine Mutter keine Zeitung lesen: „Die ist nichts für Kinder." Viele Schlechtigkeiten der Welt erfuhren die Kinder gar nicht. Sie mussten keine Kriege, keine Umweltkatastrophen, keine Morde, keine Unfälle, keine Brände ... in ihren Köpfen und in ihren Seelen verarbeiten.
War es so falsch, sie vor negativen Informationen zu schützen? Sie durften in einer „heilen" Welt aufwachsen. Die „örtlichen" Schlechtigkeiten des täglichen Lebens haben sie ohnehin mitbekommen.

Heute überschütten wir schon Kinder und Jugendliche mit unvorstellbaren Mengen von Informationen – nicht nur positiven – und erwarten, dass sie diese ohne Schaden verarbeiten und wegstecken. Nicht alle schaffen das.

Dann hören wir den Ruf nach mehr Kinderpsychologen, die unsere Kinder heilen sollen, nachdem wir es zugelassen haben, dass sie krank werden. Vielleicht sollten wir über die Ursachen vieler seelischer Probleme mehr nachdenken als über die Beseitigung der negativen Folgen. – Einfach zum Nachdenken.

Ja dann hatte die Mutter das fahren mit der Zille lernen müssen, das wir nicht immer zur Überfuhr gehen mußten, den das wird auch was gekostet haben.

Es ist heute unvorstellbar, dass Kinder eine Überfuhr (Schiff zum Überqueren der Donau) aus Geldmangel nicht benutzen konnten. Heute fahren Schulkinder mit öffentlichen Verkehrsmitteln kostenlos oder werden von den Eltern mit dem Auto zur Schule gebracht.

Na, die Mutter war da arm. Was die da mitgemacht hat. Kommt von Putzleinsdorf zur Donau. Wenn sie schon wegfuhr und dann kommt wieder ein Schiff daher, dann ist sie wieder ans Land zurück und diese Wellen. Damals fuhren ja noch viele Schiffe.

Warum meine Mama in ihrem Tagebuch ihre Mutter nie mit „meine Mutter", sondern nur mit „die Mutter", weiß ich nicht. Ich kann nur vermuten: Meine Mutter musste als die älteste Tochter viel helfen. Meine Oma musste – zuerst mit meinem Großvater und im und nach dem Krieg allein dafür sorgen, dass die Familie überlebt. Das Leben hat sie abgehärtet und teilweise auch hart gemacht. Für sensible Emotionen blieb da zu wenig Platz im Herzen und in ihrem Leben. Als später die Zeit dafür reif war, hat sie noch Vieles erleben dürfen. In den schwierigen Zeiten war es für sie und für die Kinder wichtiger, die Kinder zu füttern als sie zu küssen.

Putzleinsdorf ist ein Ort im Oberen Mühlviertel. Eine Landschaft – damals noch viel mehr als heute – prägt nicht nur die Gesellschaft, sondern auch den Einzelnen. So war auch meine

Großmutter vom hügeligen Mühlviertel geprägt. Das Donautal, vor allem mit der Abgeschiedenheit und der Enge von Inzell, wo man sich kaum bewegen konnte, wirkten bedrückend auf meine Oma. Sie konnte sich mit der Donau nie anfreunden. Mehr als einen Fluch hat sie dafür nie aufbringen können. Daher fiel es ihr leicht, sich nach dem Krieg von dem Haus in Inzell zu trennen. Ich kann mich nicht erinnern, dass sie einmal sehnsüchtig oder gar wehmütig von Inzell gesprochen hat.

Die Wurzeln meiner Mutter

Die Eltern von meiner Mutter waren in der Steiermark, in Leoben. Die kamen nicht so oft auf Besuch. Um so öfter gingen wir aber zur Großmutter von unserer Mutter. Sie ist nämlich bei ihrer Großmutter aufgewachsen.

Barfuß gingen wir immer nach Putzleinsdorf, weil die Schuhdoppler kosteten ja so viel. Ja wir sagten „Großmutter" zur Urgroßmutter, weil für Mutter war sie ja die Mutter. *[Etwas kompliziert, aber doch ganz einfach.]*

Ja sie hatte immer schon einen offenen Fuß. Der mußte immer geeitert haben, weil sie hatte Tücher zum einbinden immer ausgekocht und getrocknet zum wiedereinbinden. Zwei Kanarienvögel hatte sie auch. Ja sie war eine sehr beliebte Frau in Putzleinsdorf. Ja Verwante hatten wir viel im Mühlviertel.

Die nächste Tante war in Wulln. Ist auch höchstens eine halbe Stunde (Fußweg) außer Putzleinsdorf. Zu dieser Tante waren wir auf zwei Seiten verwandt. Die Mutter von meiner Mutter und die Tante von Wulln waren Schwestern. Und der Vater von meinem Vater und der Mann von der Tante waren Brüder *[Wieder etwas kompliziert, aber doch ganz einfach.]*.

Als mein Großvater gestorben ist, war ich noch bei ihm. Er hat mir die Hand gehalten.

So schreibe ich wieder weiter [Die Begeisterung hält sich offensichtlich in Grenzen.]. Gestern bin ich mit Frau S. in die Danksagung. Nachher kamen dann

Gabi, Robert und die Kinder [Die Familie meines Bruders]. Haben dann Karten gespielt, ich glaube bis 10 Uhr. Und dann noch etwas geplaudert. Und dann sind sie heim, weil die zwei wollten ja auch das neue Jahr einschießen. So verging die Zeit schnell bis 12 Uhr. Ja es ist jetzt ganz ruhig bei uns im Haus. Familie H.. [Eine gut befreundete Familie in unserem Haus] hat auch geschlafen. Na ich schaute hinaus da kam die Jugoslawien-Familie herunter und die haben dann fest geschossen.

Aus dem damaligen Jugoslawien kam in den 70-er Jahren des letzten Jahrhunderts der erste größere Schub an Gastarbeitern. Gegenüber Ausländern war man damals (Nur damals?) vor allem am Land skeptisch und vorsichtig. Durch ihr fremdländisches Aussehen wirkten sie etwas gefährlich. Sie sprachen eine andere Sprache, was die Verständigung nicht gerade erleichterte. Das größte Problem war aber, dass wir (ausgenommen in einigen Ballungszentren) so überhaupt keine Erfahrungen mit Fremden hatten. Damals fuhren nur ganz wenige ins fremdsprachige Ausland auf Urlaub. Und die wenigen Erfahrungen, die wir hatten, waren nicht immer positiv. Die einzigen Fremden, die meine Elterngeneration bisher kennen gelernt hatte, waren Besatzungssoldaten.

Ähnlich waren die Erfahrungen meiner Mutter mit Ausländern. Sie konnte ihre Vorsicht, leicht verbunden mit Ängsten, nie voll ablegen. Trotzdem pflegte sie teilweise recht enge Kontakte mit ihnen. So schloss sie Freundschaft mit einem Mädchen aus der Türkei. Aber ein Rest an Skepsis blieb.
Die damaligen Ausländer kamen, um hier zu arbeiten und um sich eine neue Existenz aufzubauen. Es waren keine Flüchtlinge. Die Einwanderung war begrenzt. Sie benötigten eine Aufenthalts- und eine Arbeitsgenehmigung. Die Menschen wurden rasch integriert, teilweise kamen sie aus demselben Kulturkreis, wenn auch nicht aus demselben Sprachkreis.
Um den Arbeitsmarkt nicht mit Ausländern zu überschwemmen, durften maximal 10% der Belegschaft eines Unternehmens Ausländer sein. Dies bedeutete, dass Ausländer überwiegend mit Österreichern zusammenarbeiten mussten. So lernten sie rasch und „automatisch" Deutsch und wurden integriert.

Als später diese Regelung aufgehoben wurde (Der Arbeitskräftebedarf war in der Hochkonjunktur fast explodiert.), gab es in vielen Betrieben Abteilungen – meist waren es die Abteilungen mit den unbeliebten Arbeiten – mit überwiegend nur noch Ausländern. Die mussten nicht mehr rasch Deutsch lernen, da sie mit ihren Landsleuten arbeiteten. Außerdem wohnten sie in „Ausländervierteln", womit kein besonderer Druck zur Integration gegeben war. Die „zweiten" Gastarbeiter (Eigentlich waren es inzwischen Fremd- und nicht Gastarbeiter.) kamen vielfach aus der Türkei, einem Land aus einem anderen Kulturkreis. Auch dadurch wurde die Integration erschwert. Nachdem ein Großteil der Einwanderer der „ersten Welle" finanziell erfolgreich war und sich mit einem gewissen Wohlstand in seiner Heimat einen guten Namen machte, kamen auch einige „Glücksritter" auf die Idee des Auswanderns. Die Qualität der nächsten Einwanderungswellen blieb daher hinter den ersten zurück.

Die Fremdarbeiter kamen - zum Unterschied von Flüchtlingen, die aus ihrer Heimat vertrieben werden, - aus eigenem Antrieb nach Österreich. Erste Erfahrungen mit Flüchtlingen machten wir 1956, als viele Ungarn nach Österreich flüchteten. Die Hilfsbereitschaft der Österreicher war damals sehr hoch. Die ungarischen Flüchtlinge unterschieden sich von denen, die 2015 oder später kamen, deutlich. Die ungarische Kultur war unserer sehr ähnlich (Religion, Essen und Trinken, Musik, Literatur etc.) und es waren noch nicht einmal 40 Jahre vergangen, dass Ungarn noch ein Teil der österreichischen Monarchie war. Die Arbeitsbereitschaft der Flüchtlinge war sehr hoch und die Ungarn waren aufgrund ihrer Ausbildung fast sofort am Arbeitsmarkt einsetzbar. Außerdem reichten die staatlichen Unterstützungen nicht für einen längeren Aufenthalt ohne Arbeit. Die Zahl der Ungarn war überschaubar.

Die Herausforderungen durch die Flüchtlinge, die in den letzten 10 Jahren zu uns gekommen sind, konnte meine Generation nicht einmal annähernd lösen. Dies ist eine Herausforderung für unsere Kinder und für die Enkelkinder.

Wenn ich die Entwicklung der Länder mit hohen Flüchtlingsströmen betrachte, sehe ich, dass in allen diesen Ländern die Einwanderer das Land „übernommen" und die ehemals Einheimischen zurückgedrängt haben (Australien, Amerika, Teile von Afrika). Verbunden mit dem derzeitigen Geburtenrückgang bei den Einheimischen schließe ich eine ähnliche Entwicklung in Österreich und in Europa nicht aus.

Die Einwohner von Inzell

Wir hatten auch viele Verwandte, die B., das waren unsere Taufpaten welcher der Zillenbauer war.

Damals übernahm jemand die Patenschaft für alle Kinder einer Familie. Diesen Brauch gibt es heute noch in einigen Teilen des Mühlviertels (Unser Sohn ist der Pate von allen drei Kindern unserer Tochter.) Die Patenschaft war mit einer stärkeren Verpflichtung als heute verbunden. Das soziale Netz war nicht mit dem heutigen vergleichbar. Und beim Tod der Eltern übernahmen die Paten die Kinder. Hatten alle Kinder denselben Paten, mussten sie beim Tod der Eltern nicht auf mehrere Familien aufgeteilt wurden. Für die Kinder konnte es wichtig werden, finanziell starke Paten zu haben, nicht nur wegen der Geschenke, die man von ihnen bekam, sondern damit sie beim Tod der Eltern alle Kinder weiter versorgen konnten.

Das Risiko, schon als Kind die Eltern oder einen Elternteil zu verlieren, war damals auch durch die niedrigere Lebenserwartung generell höher als heute.

Inzwischen ist unser soziales Netz besser ausgebaut. Es sorgt aber auch heute noch nicht dafür, dass Kinder nach dem Tod ihrer Eltern beisammen bleiben können.

Der B. ja der hatte viele Arbeiter auf der Schopperei hieß das. Und viel Landwirtschaft. Einmal habens auf dem Schopperplatz sogar zwei Schlepper gebaut aus Holz mit vielen Kammern. Da sind wir immer hinein und haben verstecken gespielt. Wie sie die ins Wasser, in die Donau, hinein rutschen ließen auf dicken Baumstämmen das war ein Hurra, das war was ganz besonderes.

Er (Einer der Nachbarn) war ein eigener Mann. Eine Zeitlang hat er überhaupt keinen Alkohol getrunken, da hat man ihm das Zitronenwasser auf den Schreibtisch stellen müssen, zum Essen hat er auch immer alleine dort gesessen. Und auf einmal fing er wieder zu saufen an. Er wird halt auch ein Alkoholiker gewesen sein.
Aber die Godi - die Frau von ihm - das war eine ganz brave Frau, was uns immer zum Essen gegeben hat. Das war so eine gute. Die gibt es kein zweites mal. Wer zu ihr kam, alle bekamen etwas zum essen. Ja damals gab es so viele Bettler. Da gab einer dem anderen die Haustür in die Hand.

Bettler, die am Land von Haus zu Haus gehen, kennen wir in unserer Wohlstandsgesellschaft kaum mehr. Bettler finden wir heute noch in den Städten. Leider wird manchmal auch die Armut für kriminelle Aktivitäten (organisierte Bettler) und für den Missbrauch von Kindern ausgenutzt.

Ich hab ihr halt so viel geholfen bei der Arbeit, Holz vom Schopperplatz holen. Da war neben dem Ofen bei der Mauer ein großes, langes und breites Loch. Das mußte man immer mit Holz anfüllen. Dann vom Dorfbrunnen Wasser mit den Eimern herein tragen. Aber was ich da immer zum Essen bekommen habe! Wenn ich das große Butterfass gedreht habe, bis die Butter fertig war, da bekam ich von dem großen Laib ein Butterbrot, dick darauf, auch Honig drauf.
Sie hatten nur eine Tochter und die war so faul und neidig. Beim Essen ist sie bestimmt 2 Stunden gesessen. Godi sagte immer: „Geh M. sollst halt doch beim Abwaschen helfen.“

Die haben ja so viele Arbeiter am Schopperplatz gehabt und viel Landwirtschaft, einen Knecht und eine Magd. Als die Tochter dann heiratsfähig wurde, da sind dann die Burschen zum Fenster gekommen, da hat der „Göd" der Vater von der Tochter immer aufgebaßt und geschrieen in der Nacht, das ganz Inzell munter wurde.

Das „Fensterln" (Burschen versuchen, über das Fenster in die Schlafzimmer der Mädchen zu gelangen.) war in Österreich stark verbreitet. Die heranwachsende Jugend hatte nur wenige Gelegenheiten, sich zu treffen. Und heimliche Treffen waren nicht gerne gesehen. Das hing einerseits mit zweifelhaften und veralteten Moralvorstellungen zusammen.

Es steckte aber auch die Angst der Eltern dahinter. Zu groß war die Gefahr eines ungewollten und vielleicht eines unehelichen Kindes. Die damit verbundene Schande der Mutter und praktisch der Ausschluss eines unehelichen Kindes aus der „guten Gesellschaft" waren die „Regelreaktionen" der Gesellschaft. Uneheliche Kinder waren in der Gesellschaft missachtet – teilweise wurden sie als „Bastard" bezeichnet – und waren auch rechtlich schlechter gestellt (kein Erbrecht, niedrigere Alimente etc.). Für alleinerziehende Mütter gab es kein funktionierendes Sozialsystem. Also wurde auf die heranwachsenden Töchter entsprechend „aufgepasst".

Auch er und der Wirt der S. waren ewig zerstritten und haben immer in der Nacht zum Schreien angefangen.

Das Leben in kleinen Dörfern (In Inzell gab es nur 6 Häuser.) war nicht nur idyllisch. Neid und Streitgeschichten über Generationen überschatteten das Zusammenleben. Die „guten alten Zeiten" waren nicht einmal halb so gut, wie sie manchmal glorifiziert werden. Wenn wir in den letzten Jahrzehnten viele der „alten Unzulänglichkeiten" abbauen oder bewältigen konnten, aber etwas von dem Neid und den Streitigkeiten zwischen Nachbarn hat sich bis heute fortgepflanzt.

Ja nun muß ich von den anderen Verwandten berichten. Die Eltern von Vater hatten gleich neben dem Steinbruch ein Haus, weil der Großvater, der Vater vom Vater, war der Vorarbeiter im Steinbruch und das Haus gehörte der Strombauleitung. Das durften sie nur bis zum 60 zigsten Lebensjahr behalten, dann mussten sie ausziehen.

Da war ein großer Gemeinschaftsraum bei dem Haus. Und die Schwester vom Vater die war da Köchin.

Der Großvater war ein strenger Herr, aber die Großmutter eine ganz brave. Der Vater hatte ja viele Geschwister. An Feiertagen kamen dann viele und es wurde gesungen und eine Tante aus Wien konnte so gut Zither spielen.

24 Verwandtschaft meiner Mutter väterlicherseits

Aber leider ist die Großmutter sehr bald gestorben. Großvater hat noch einmal geheiratet und da ist sogar ein Mäderl nachgekommen. Ich bin älter als sie. Aber die war auch eine brave Frau die zweite Frau.

Ja und dann ist gleich noch in der Nähe eine Verwandte gewesen. Sie war von meiner Mutter die Tante. Die haben wiesawie (gegenüber) von Inzell ein Häuserl gehabt.

Meine Mutter hatte vor dem Vater einen Sohn von einem anderen. Und diese Tante „Tini" konnte keine Kinder griegen; so haben sie diesen Buben angenommen als eigen. Aber den Namen hatte er immer noch von der Mutter „Preininger" weil seine Zieheltern hießen Fenzl.

Ja bei dieser Tante hab ich auch oft in den Ferien sein können da hat es so viele gute Sachen gegeben. Ja mein Onkel wird gut verdient haben und sie hatten eine Kuh, brauchten keinen Zins zahlen und natürlich waren wir 4 Kinder und für die Hertha bekamen sie keinen Groschen.

Das Leben war gezeichnet durch das Überleben. Es war lebenswichtig, entweder einen kleinen landwirtschaftlichen Besitz oder eine halbwegs gut bezahlte Position zu haben. Die Macht und der „relative Reichtum" der Unternehmen ist aus den Schilderungen der Zillenbauerfamilie und aus der Position bei der Strombauleitung ersichtlich.

Ja das habe ich noch nicht erwähnt. Die Schwester der Mutter war immer in Tirol und dann kam sie heraus zur Entbindung zu der Tante, welche unseren Halbbruder hatte.
Und dann haben meine Eltern das kleine Babi angenommen und sie ist wieder nach Tirol gefahren. So waren wir 4 Kinder.

Die Schwierigkeiten der Jungen von damals können wir uns heute kaum mehr vorstellen. Ihr Geschlechtstrieb war zumindest gleich stark wie bei der heutigen Jugend. Was damals anders war: Statt einer sinnvollen Aufklärung gab es Geheimnisse und Tabus. Es gab keine Verhütungserfahrungen und keine Verhütungsmittel. Die Antibabypille hat sich erst in den 60-er Jahren verbreitet. Die rechtliche und die gesellschaftliche Macht der Männer war so erdrückend, dass ihnen schwangere Mädchen vollständig ausgeliefert waren. Wenn der Bursche nicht heiraten wollte, ist das Mädchen vor dem Chaos gestanden.

Diese Problematik wird auch bei den ledigen Kindern meiner Oma und ihrer Schwester sichtbar: Beide mussten aus wirtschaftlichen Gründen ihre Kinder weggeben, damit Mutter und Kind überhaupt überleben konnten. Und heute sprechen wir von „der guten alten Zeit".

Alleinerziehende Mütter haben auch heute noch kein rosiges Leben. Aber eine wirtschaftliche Absicherung ist schon so weit gegeben, dass sie nicht verhungern müssen.

Sie (Herta) war so lieb. Aber so viel krank, was das Kind war. Was meine Mutter mit dem Kind mitgemacht hat. Sie waren bei vielen Ärzten. Dann fahren sie einmal zum Dr. D. nach Aschach und der hat gesagt: Die Mutter von dem Kind hat Medikamente genommen, um das Kind abzutreiben und ging nicht weg. So ist das ganz Blut vergiftet.

Oft war eine Abtreibung die einzige Chance, dass zumindest die Mutter in „normalen Verhältnissen" überleben konnte. Abtreibungen waren strafbar und deswegen gefährlich, weil sich die Ärzte aus Angst, ihre Zulassung zu verlieren, oder aus ihrer ethischen Haltung heraus gegen Abtreibungen wehrten. Meist wurden die Abtreibungen von „Engelmacherinnen" vorgenommen. Diese hatten keine medizinischen Kenntnisse, die Bedingungen waren gefährlich und es wurden alle möglichen Gifte eingesetzt. Sehr oft überlebten weder die Mutter noch das Kind.

Erst 1975 wurden mit der sogenannten Fristenlösung Abtreibungen unter bestimmten Bedingungen in Österreich gesetzlich erlaubt. Bis heute haben aber Abtreibungen in vielen Gesellschaftskreisen noch einen fahlen Beigeschmack. An der Frage, ab welchem Zeitpunkt ein neues Leben gegeben ist, dessen Beseitigung eigentlich einen Mord bedeutet, scheiden sich die unterschiedlichen Moralvorstellungen.

Unabhängig von der Frage nach der Berechtigung des Menschen, über Menschenleben zu entscheiden, stelle ich manchmal zu dem Thema Abtreibung folgende Überlegung an: Was wäre aus den Menschen geworden, die aufgrund von Abtreibungen nicht auf die Welt gekommen sind und würde unsere Gesellschaft heute anders aussehen? Meine zweite Frage in diesem Zusammenhang ist: Wer von uns würde nicht auf die Welt gekommen sein, wenn bei seiner Zeugung eine Abtreibung erlaubt gewesen wäre? Moralvorstellungen wirken auch in einer brutalen Weise auf die Zusammenstellung unserer Gesellschaft.

Ja ich habe viel auf die Herta aufpassen müssen, weil meine Mutter hatte doch so viel Arbeit. Einmal habe ich mich geärgert – vielleicht war sie schlimm. Ich sagte: „Geh doch zu deiner Kathi-Mama!". Da zog sie Holzschuhe an und irgendwelche Sachen hat sie mitgenommen und ist ins Feld hinüber gegangen auf dem Weg. Zum Glück kam Mutter daher und fragte: „Wo ist die Herta?". So mußten wir suchen gehen. War schon ein ganzes Stück gegangen.

Ja und nun muss ich auch noch nachholen, daß inzwischen auch die Anni schon in die Schule mußte. Dann wird halt die Mutter das Überfahren (mit der Zille) lernen müssen, weil für zwei Kinder es schon zu teuer war, zur Überfuhr zu gehen.

Die Armut in der Kindheit

Ja da kam schon die schlechte Zeit, wo die große Arbeitslosigkeit anfing. Da mussten sie so sparen. Ich lag oft im Bett und hatte Hunger; dachte mir: Wann ich doch ein Stück Brot essen dürfte.

Zu dem Thema der Arbeitslosigkeit in der ersten Hälfte des 20. Jahrhunderts darf ich dir das Buch „Die Arbeitslosen von Marienthal, Ein soziographischer Versuch über die Wirkungen langdauernder Arbeitslosigkeit" von M. Jahoda, P. F. Lazarsfeld und H. Zeisel empfehlen.

Aber das war so: Da hatten wir eine große Schüssel auf dem Tisch und es wurde Brot und Milch hineingegeben. Da musste man mit dem Löffel dreimal nur mit Milch zum Mund fahren. Das vierte Mal durfte man einen Brotbrocken nehmen. Ja, das Brot war teuer. Milch hatten wir von den Ziegen. Ich glaub Mutter bekam auch öfters Milch von den Bauern, wo sie geholfen hat. Anni und Paula haben schon öfters Brot gegessen. Aber ich sah immer, das die Mutter fast nichts aß. So traute ich mir nicht, so viel nehmen.

Die damalige Arbeitslosigkeit unterscheidet sich von der von heute doch recht einschneidend. Die Arbeitslosenunterstützung, die auf die Dauer von 20 bis 30 Wochen gewährt wurde, konnte bei einer hohen Kinderzahl bis zu 80 % des letzten Nettolohnes betragen. Dies klingt hoch. Aber schon ein Großteil der Nettolöhne von reichte damals kaum, eine große Familie zu erhalten.[2] Und mit 80 % war das fast undenkbar.

Diese Quote ist heute etwa gleich, aber die Basis, der letzte Nettolohn, ist ein Vielfaches von damals. Außerdem gibt es heute

---

[2] Vgl. dazu „Die Arbeitslosen von Marienthal" (Detail im Text erwähnt) S.39

neben dem Arbeitslosenbezug viele zusätzliche soziale Unterstützungen. Die Summe der Sozialleistungen reicht heute fast immer, einen menschenwürdigen Standard zu gewährleisten. Dies war vor 100 Jahren nicht annähernd gegeben.

In Österreich wird laufend eine „Armutsgefährdungsschwelle" berechnet. Diese liegt bei 60% des Durchschnittseinkommens der Österreicher und beträgt derzeit (2024) ca. 2.400,- Euro für einen Zweipersonenhaushalt. Aufgrund dieser Definition kann jemand unter die Armutsgrenze sinken, obwohl er sich noch immer gleich viel leisten kann wie früher, nur weil das Durchschnittseinkommen der Österreicher gestiegen ist. Wenn ich von durchschnittlichen Realeinkommenszuwächsen von jährlich 2 % in den letzten Jahren ausgehe, ist das Durchschnittseinkommen in den letzten 20 Jahren um etwa 50 % gestiegen. Um diese 50 % ist auch die Armutsgrenze gestiegen.

Wir haben also keine absolute, sondern eine relative Armutsdefinition. Dabei stellt sich natürlich die Frage, ob diese Art der Definition nicht auch zu einer Neidgesellschaft ihren Anteil beiträgt: Was du dir leisten kannst, das steht auch mir zu.

Eine objektive Armutsdefinition würde ich bevorzugen. Dies wäre der in Österreich erforderliche Durchschnittsbetrag, mit dem eine ordentliche Wohnung, eine ausreichende Ernährung und Kleidung noch leistbar sind. Solange ein menschenwürdiges Leben gewährleistet ist, ist für mich keine Armut gegeben. Dabei scheitert man wahrscheinlich an der Gemeinsamkeit der Definition „menschenwürdig".

Aber auch das „Armutsgefühl" in der Gesellschaft hat sich verändert. Wenn ich die Verhältnisse in der Kindheit meiner Mutter beurteile, bin ich überzeugt, dass sie in Armut aufgewachsen ist. Wenn meine Kinder die Lebens- und Wohnverhältnisse meiner Kindheit beurteilen, so halten sie diese wahrscheinlich auch für arm, obwohl ich selbst noch nie den Eindruck hatte, in Armut aufgewachsen zu sein.

Wahrscheinlich wird nicht nur die Armutsgefährdung am Durchschnitt gemessen, sondern auch das subjektive Armutsgefühl ist ein relatives. So habe ich mich in der Kindheit nie als arm empfunden, weil der Lebensstandard in der Nachbarschaft in etwa dem von uns entsprochen hat. Keinem ist es besser oder schlechter gegangen.

Die Arbeitslosenquote in den 1930er Jahren lag zwischen 15% und 25%. Seit 2000 lag diese Quote, mit einer kurzzeitigen Ausnahme durch Corona nie über 8%. Bedingt durch die Weltwirtschaftskrise und durch den Zusammenbruch vieler Unternehmen war die Nachfrage nach Mitarbeitern (Zahl der offenen Stellen) damals sehr niedrig. Die Arbeitslosen hatten kaum eine Aussicht auf eine Arbeit.

Das Angebot an Arbeit ist heute – zumindest noch – derart hoch, dass zumindest ein Familienmitglied eine Anstellung findet. Auch wenn nicht alle Tätigkeiten alle Träume von Arbeitssuchenden erfüllen, so sichern sie doch ein geregeltes Leben. Vor 100 Jahren hätten wahrscheinlich fast alle Arbeitslosen jede nur denkbare Arbeit angenommen, um das Überleben zu erleichtern. Davon sind wir heute manchmal sehr weit – in einigen Fällen auch zu weit – entfernt.

Als „Nachkriegs-Kind" musste auch ich noch einige Entbehrungen auf mich nehmen. Aber eine derartige Armut, wie sie meine Eltern erlebt haben, ist sogar für mich schwer vorstellbar und für meine Kinder und Enkelkinder wahrscheinlich nicht einmal denkbar.

Dabei erschüttert mich vor allem ein Umstand: Obwohl damals viele Familienmitglieder irgendwo ihre Arbeitskraft eingesetzt haben (bei Bauern, Nachbarn, als Aushilfe, als Kinder ...), konnte eine Familie gerade überleben. Welche Arbeit sie erledigen mussten, war bedeutungslos. Der Vergleich mit den heutigen sozialen Sicherheiten stimmt mich dankbar für die sozialen Errungenschaften der letzten Jahrzehnte.

Wo viel Licht ist, da ist auch Schatten. Aufgrund großzügiger Unterstützungen durch die öffentliche Hand haben viele einen Teil der Verantwortung für ihr Leben an das Sozialsystem abgegeben: „Zuerst ist die Öffentlichkeit und dann erst bin ich für mein Wohlergehen verantwortlich," ist zwar nicht die grundsätzliche aber eine immer öfter erkennbare Einstellung. Ähnliche Einstellungen finden sich auch in anderen Lebensbereichen (Wohnungsbedarf, Energiekosten, Lebensmittelpreise etc.).

Dabei ist der Saat gerne bereit, die Verantwortung für seine Bürger zu übernehmen. Damit gelingt letztendlich eine Entmündigung und die Beruhigung der Massen. Schon die römischen Bürger wurden mit „Brot und Spielen" beruhigt.
Bedenklich für mich ist die Breite, in der Unterstützungen gewährt werden (Gießkannenprinzip). Die dafür gemachten Schulden wird die nächste Generation bezahlen. Möglicherweise wird diese noch mehr Schulden machen. Wir haben ihr ja gezeigt, wie das geht.
Vielleicht sollten wir uns manchmal an den Apell erinnern, den John F. Kennedy bei seiner Amtsantrittsrede an die Amerikaner richtete: „Frage nicht, was dein Land für dich tun kann, frage vielmehr, was du für dein Land tun kannst."

Manchmal stelle ich mir die Frage, ob sich nicht sogar zu viel verändert hat: Umfang und Höhe der Sozialleistungen, Höhe der Arbeitslosenunterstützung, Umfang der Ansprüche an das Sozialsystem, Bereitschaft zum Arbeitseinsatz, zu große Auswahlmöglichkeiten, zu geringe Flexibilität (Tätigkeit, Verdienstgrenzen, örtlich ...) ......
Diese Entwicklung war nur aufgrund einer florierenden und funktionierenden Wirtschaft möglich. Sobald wir diese verlieren, ist das gesamte System gefährdet. Manchmal gehen wir mit den Rahmenbedingungen für die Wirtschaft derart sorglos und

ausgesprochen dumm um, dass wir diesen Wohlstand und die Sicherheiten gefährden. Mögliche Gefahren sind schon so weit weg, dass sie viele von uns nicht mehr kennen, vielleicht nicht einmal mehr sehen.

Die Herta hat immer im Flascherl Ovomaltine oder Kakao *[Das waren damals „Luxusgetränke".]* gegriegt, weil sie immer krank war.

Als sie dann ihre Mutter nach Innsbruck geholt hat, diesen Tag haben wir nie vergessen. Wir mussten in die Schule und sie holten sie ab, mit dem Schiff nach Linz und mit dem Zug nach Tirol. Wir haben den ganzen Unterricht geweint, weil sie auch so viel geweint hat. Das waren doch fast fremde Leute zu ihr. Sie hat sie nur geholt weil sie von dem Mann ein Kind bekam, aber nicht der Vater von der Herta. Das war ein ganz grober, sie musste immer eine Brennsuppe essen, wo sie doch immer Ovomaltine und Kakao bekam. Der Mann brachte auch zwei große Buben mit in die Ehe. Immer hat sie geweint und gesagt sie möchte noch einmal zur Ober-Donau Mama. Aber das haben sie erst nachher gesagt, als sie schon gestorben war. Mit 10 Jahren ist sie schon gestorben. Sie war wie eine Schwester zu uns.

Das Zillenfahren

Ja und nun muß ich auch schreiben, wie bald ich schon alleine über die Donau fuhr mit der Zille. Mutter hatte noch kein Butterfass zum Butterrühren und die Tante Tini drüber der Donau hat es Mutter immer geliehen. Ich weiß nicht, hatte sie keine Zeit, auf jeden Fall jammerte sie, das sie das Butterfass bräuchte. Ich stieg in die Zille und fuhr ganz alleine hinüber. Man musste ja weit hinauf fahren, hinauf „stechen" sagte man, daß man drüben ankam, wo das Ziel war. Die Donau hatte damals eine starke Strömung da triebs einen weit hinunter.
Ja hinüber war es ja gut gegangen. Aber zurück, da waren lauter so Strudeln, da kam man immer wieder zurück, wenn man in so einen Wechsel hineinkam.

Ja nun muß ich aber schreiben, wie das zurück fahren war mit der Zille. Ich stieg dann aus und habe mir vorne große Steine hinein gelegt. Mit der Zeit bin ich dann doch weg gekommen.

Meine Mutter war eine äußerst gute Zillenfahrerin. Als ich zu meinem 50. Geburtstag eine schwere Zille geschenkt bekam, ist sie mit 75 Jahren eingestiegen und hat die Zille noch immer beherrscht.

25 Meine Mutter tauft meine Zille

Oben beschreibt sie Folgendes: Es gab am Ufer immer wieder Einbuch-tungen, in denen es kaum eine Strömung gab. Wenn man aus diesen Buchten mit der Zille in die fließende, damals weitgehend reißende, Donau kam, hat die starke Strömung das „Kranzl", den Vorderteil der Zille, erfasst und man ist mit der Zille wieder nach unten gestanden. Um diesen kritischen Punkt zu überwinden, muss man die Strömung unter einem ganz bestimmten Winkel und einem entsprechenden Tempo ansteuern, um aus der Bucht hinauszukommen.

Für mich ist es unbegreiflich, wie ein Kind alleine mit einer Zille über die Donau gefahren ist und dabei auch noch stromaufwärts „gestangelt" hat. Auch heute gibt es bei den Feuerwehren noch Zillenmeisterschaften. Da schaffen es zwei ausgewachsene Feuerwehrleute, die Zille noch oben zu stangeln.

Noch Unbegreiflicher als das Zillenfahren der Kinder ist für mich, dass ein Großteil von ihnen nicht schwimmen konnte. Das hatte mehrere Ursachen: Die Donau war nicht der ruhige Fluss, der uns heute in den Stauräumen begegnet, sondern doch recht gefährlich. Zum Schwimmenlernen meist zu gefährlich. Wenn Zeit zum Schwimmen gewesen wäre, war die Donau zu kalt und meist auch zu gefährlich. Wenn die Wassertemperatur gepasst hat (Ich kann mich nicht erinnern, dass die Donau in meiner Kindheit auch im Hochsommer über 21 Grad warm war.), war aber keine Zeit zum Schwimmen. Denn besonders an den schönen, sommerlichen Tagen wurden die Kinder zur Arbeit in der Landwirtschaft gebraucht.

Aber Mutter hat mich natürlich schon mit großer Angst erwartet, ich werde ihr halt schon abgegangen sein. Freude glaube ich, hatte sie keine mit dem Butterfass, weil was da passieren könnte.

In einer späteren Aufzeichnung berichtet meine Mutter noch einmal von ihrer letzten Zillenfahrt:

Heute den 25. Juli 1999 *(Meine Mutter war bereits 75 Jahre alt.)* bin ich mit dem Lois und Iris mit der Zille gefahren, habe noch fest gerudert. Natürlich bei den Wellen war ich schon ein bißchen wackling *(Ist mit 75 mehr als erlaubt.)*. Aber es war schön.

Ich hab nachgerechnet. Es sind mehr als 51 Jahre, daß ich in einer Zille stand. Und zwar sind wir zu Allerheiligen zur Mutter nach Inzell *(Die Übersiedlung von Wesenufer nach Inzell erfolgte in einer Zille, wie die spätere Übersiedlung von Inzell nach Aschach auch.)* gezogen, 1947.

Und da sind wir wieder fest mit der Zille gefahren. Einmal fahren wir gerade von drüben zurück (vom linken Donauufer), als zwei Gendarmen (heute Polizisten) im Dorf herunterkommen. Gott sei Dank, das war der Pappa und noch einer war dabei, …. Damals durfte man nicht zu den Russen *(russische Besatzungsmacht auf dem linken Donauufer)* hinüber fahrn.

Übersiedlungen zwischen verschiedenen Donauorten wurden vielfach mit Zillen vorgenommen, soweit der Ort, in den man übersiedelte, fußabwärts lag. Dazu wurden mehrere Zillen miteinander verbunden und beladen. Der Grund dafür lag darin, dass es damals nur wenige Autos gab und einige Orte mit einem Auto nicht erreichbar waren.

Übersiedeln mit der Zille war auch deswegen einfacher als heute, da man fast den gesamten Hausrat in einem Zillenverband unterbrachte.

Heute ist eine Übersiedlung wesentlich aufwändiger. Meine Frau und ich sind in den letzten 50 Jahren viermal übersiedelt. Der Aufwand ist jedes Mal gestiegen. Unser Hausrat war jedes Mal gewachsen. Mit einem Zillenverband hätten wir das nie geschafft, nicht einmal bei der ersten Übersiedlung von der Studentenwohnung in unsere erste gemeinsame Wohnung. Zumindest beim Übersiedeln ist es ein Geschenk, wenn man wenig besitzt (Kein Nachteil ohne Vorteil).

Bilder zu Zillen (Zillenmuseum Wesenufer)

Das Zillenmuseum in Wesenufer gibt einen tollen Überblick über die Zillen und über den Zillenbau im letzten Jahrhundert.

26 Zillenmuseum in Wesenufer

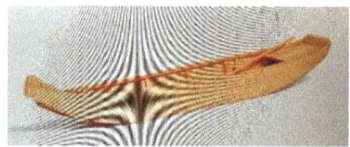

27 Eine "einfache" Waidzille

28 Zille für leichten Transport

29 Fliestein

30 Trauner

31 Mutzen

32 Passauer Gams

33 Plätte

Unser eigenes Haus

Ja das habe ich noch nicht geschrieben. Meine, unsere Eltern haben dann ein Haus gekauft. Ja es wurde versteigert; ein Bauer hatte es halt nicht mehr halten können. Der S., glaube ich, hat dem Vater das Geld geliehen. Ja wie haben die Eltern sparen müssen.

Offensichtlich gab es damals einige reiche Bauern, die nicht nur selbst etwas kaufen konnten; ihr Reichtum reichte auch, anderen Geld für einen Hauskauf zu leihen. Die Kluft zwischen Arm und Reich war enorm. Außerdem war es nicht eine Bank, von der man Geld borgte, sondern ein Nachbar. Der Reichtum selbst war weniger problematisch als die damit verbundene Macht: „Wer zahlt schafft an!", war – oder ist? – ein Grundgesetz.

Das war ein Hurra für uns Kinder, als wir in das große Haus einziehen konnten. Nächster Tag war Palmsonntag, da haben wir gleich auf dem großen Bauerntisch einen Palmbaum gebunden. So viel Platz!! In der Wohnung konnten wir uns ja gar nicht bewegen, die wir zuerst hatten.
Den Stall haben wir nicht dazu gekauft, denn das war ja ein großer Stall. In dem Stall wurden dann Pferde eingestellt, welche zum Holzarbeiten im Wald gebraucht wurden; den behielt sich der Wirt.

Und aber aus dem Stall habens dann einmal ettliche Jahre später eine Schule gemacht. So viele Kinder waren einmal in Inzell, daß es sich auszahlte eine Schule zu baun. Ja beim B. ich glaub, die hatten alleine schon 9 Kinder. Aber recht lange glaub ich hatte sich das nicht rentiert *[Nicht das mit den Kindern, sondern das mit der Schule].*

Ja und unsere Eltern mußten dann einen kleinen Stall baun lassen, weil dann kauften sie eine Kuh zum Schwein dazu und

Hühner hatten wir auch. Ja das hat Mutter oft erzählt, daß sie einmal zum Vater sagte: mußt halt einen Maurer holen, der den Stall außen herunterputzt. Da sagte der Vater: Ja wir haben ja kein Geld. Da zeigte die Mutter dem Vater das Geld, welches sie heimlich zusammengespart hatt. Mußten immer auch Eier mitnehmen, nach Obermühl ins Geschäft

Wie ich oben schon einmal erwähnt habe, lag die Stärke meiner Großmutter nicht im Zeigen von Emotionen, sie verstand es aber so zu wirtschaften, dass alle überleben konnten und dass sogar noch etwas geblieben ist.
Diese Fähigkeit hat meine Mutter von ihr geerbt. Meine Mutter hatte eine sehr niedrige Witwenpension, da unser Vater schon mit 52 Jahren verstorben ist. Trotzdem gab es zu jedem Geburtstag und zu Weihnachten für jeden Geschenke, sie gönnte sich ihre Ausflugsfahrten und ihre bescheidenen Urlaube. Auch für kleine Ersparnisse reichte die Pension. Was es nie gab bei ihr: Ein Jammern

In Obermühl gab es eine Papierfabrik. In der waren viele Arbeiter beschäftigt. Da diese keine Landwirtschaft hatten, brauchten sie auch Eier. Die kauften sie teilweise von meiner Oma. Die Kinder waren die Lieferanten.

Aber diese Kuh vergiß ich auch nicht. Ich mußte sie immer auf die Wiese hinaus treiben, dann hat sie schnell gefressen und – wubs – ist sie heimgelaufen.

Vom Fischen

Ja nun muß ich wieder was erzählen, was wir auch immer gemacht haben: Fischen, na das war lustig. Drüber der Donau waren ja auch Kinder, die Nachbarn von unserer Tante, die hatten auch drei und unser Bruder, das waren unsere Fischer-Freunde.

Da hatten wir eine lange Leine. Da waren Steine dran gebunden, damit die Leine am Grund hinunter ging und dazwieschen Angeln mit Würmer dran. Na das war was, die Würmer an die Angeln geben. Ich konnte das einfach nicht, das kitzelte so in der Hand. Da schimpfte mich die Anni immer. Ja die Anni, die war ja eine wie ein Bub. Wenn wir zu einem Nachbarn gehen mussten, da sagten wir auch immer: Anni du mußt vorausgehn.

Eine besondere Art des Fischens war das Daubeln. Die Daubel war ein Netz, das mit Holzästen ge-spannt wurde. Das Netz wurde auf den Wassergrund gelassen und dann hochgehoben.

Um einen größeren Einsatzbereich zu haben, wurden Daubeln auch auf Zillen montiert.

34 Ein Fischer mit einer Daubel

Nun ja jetzt muß ich aber einmal um Verzeihung bitten für die Fehler was ich mache. Auch die Hand tut mir schon weh, wenn ich länger schreibe. Aber heute mach ich wieder Schluß. Nun muß ich aber doch noch ein paar Zeilen schreiben.

Mama hatte offensichtlich ihre Freude am Schreiben entdeckt. Sie wollte nicht aufhören. Vielleicht haben sie auch ihre eigenen Erinnerungen gereizt.

Was wir mit den Fischen gemacht haben? Natürlich haben wir oft Fische zum essen gehabt. Aber daß man nicht alle auf einmal essen musten, haben wir aus Holz so eine Art Trog gehabt mit Deckel und Löcher, daß das Wasser durchrinnen konnte und den haben wir in so einer Nische in der Donau angehängt. Damals gab es noch keinen Gefrierschrank. Die Fische lebten ja noch in dem „Kotta" drinnen, so hieß der Trog. Ja das war ein billiges Essen für uns.

Ich glaub Fischerkarte gabs da noch keine. Oder vielleicht für Kinder nicht.

Auch wir haben als Kinder in Aschach unser Glück als Fischer versucht. Dabei war mir persönlich das Glück nicht besonders hold. Das lag aber nicht so sehr am Glück, sondern an meiner Ungeschicklichkeit beim Fischen und an meinem zu geringen Interesse.

Bei uns wurde die Berechtigung zum Fischen schon verschiedentlich kontrolliert (Besitz einer Fischerkarte). Vielleicht lag der Unterschied bei den Kontrollen an der Unterschiedlichkeit der beiden Orte (Inzell sechs Häuser und Aschach fast 2.000 Einwohner). Möglicherweise war aber auch mein Vater strenger: Es konnte ja nicht sein, dass sie Kinder vom Hrn. Inspektor schwarz (ohne Fischerkarte) fischen.

Wenn ich mich so zurück erinnere, da hatten der Vater und noch ein paar, immer so Heimlichkeiten. Ob sie doch in der Nacht fischten? Aber jeder braucht dieses Buch auch nicht lesen, sonst kommt der Vater noch zu einem schlechten Ruf. Es war halt eine schlechte Zeit!

Über den guten Ruf ihres über alles geliebten Vaters hätte Mama nie etwas kommen lassen. Und sollte er doch nicht „ganz sauber" gewesen sein, lag das nur an den schlechten Zeiten, womit sie nicht Unrecht hatte.

Arbeiten in der Kindheit

Ja so verging die Kinderzeit, im Sommer da mußten wir schon immer bei der Ernte mithelfen bei den Bauern *[Da blieb auch keine Zeit zum Baden in der Donau.]*
Aber das war e *[ohnehin]* lustig; aber beim Getreide dreschen eine staubige Arbeit. Da bekamen wir auch das Mittagessen.
Aber bei einem, beim S., waren drei so mortsgroße *[übergroße]* Söhne da und eine Tochter. Ja die S.-in stellte die Schüssel auf den Tisch zum heraus nehmen. Aber so schnell konnte ich nicht schaun, war fast schon alles weg. Da bin ich schon oft hungrig vom Tisch gegangen. Aber Mutter hat mir dann etwas aufgehoben vom Mittagessen im Rohr.

Die Getreideernte musst du dir so vorstellen:
Es gab Schnitter, die mit einer Sense oder Sichel das Getreide schnitten. Hinter den Schnittern gingen die, die die Garben banden (Eine Garbe ist ein Bündel aus Getreidehalmen mit den Ähren, das mit Getreidehalmen zusammen gebunden wurde.). Diese Arbeit hieß „Aufheben" oder „Binden".
Die Garben wurden meist von den Kindern zu Haufen von jeweils 10 bis 12 Garben getragen, aus denen dann „Strohmandln" gebaut wurden („Aufstellen" oder auch „Aufsetzen" genannt). So war das Getreide bis zur Einfuhr und bis zum Dreschen auf dem Bauernhof gut gegen die Witterung geschützt.

Noch in meiner Kindheit wurden die Schnitter durch zwei Arbeiter und einem Traktor ersetzt. Auch ich habe noch die Garben für die „Kornmandln" zusammengetragen.

Tage später wurden die Mandln eingebracht und auf dem Bauernhof von einem Mähdrescher, den mehrere Menschen bedienten, zu dem Getreide verarbeitet, das in Säcken abgefüllt zur Mühle oder in ein Lagerhaus gebracht wurde.
Das Dreschen wurde mit einem kleinen Fest mit Essen und

Trinken abgeschlossen. Ich erinnere mich noch an diese Feste. Die Freude und der Dank für eine gute Ernte waren spürbar und wurden auch ausgesprochen.

Seit der Erfindung des Mähdreschers erledigt eine Maschine die gesamte Ernte und das Dreschen. Wie heute die Getreideernte erfolgt, konnte ich als Beifahrer auf einem modernen Mähdrescher auf einem riesigen Feld in Deutschland erleben: Ein vollautomatisierter Mähdrescher (Steuerung über GPS), bedient von einem Mitarbeiter, erntete praktisch allein riesige Felder in Bruchteilen der Zeit von früher. Der Mähdrescher fährt Tag und Nacht (Der Betrieb wird nur eingestellt, wenn die Luft- und Bodenfeuchtigkeit zu hoch ist.). Dutzende von Menschen wurden schlagartig ersetzt.

Durch den Einsatz von Maschinen in der Landwirtschaft fielen viele Arbeiten für Menschen weg. Die Menschen mussten in die Städte abwandern, um Arbeit zu bekommen. Damit veränderten sich nicht nur die Lebensbedingungen am Land, sondern auch in der Stadt.

So toll Mähdrescher auch arbeiten, eines können sie bis heute nicht: Sie feiern keine Feste und kennen weder Dank noch Freude.

Die Tischsitten von damals sind mit den heutigen nicht vergleichbar. Man hat sich nicht zum Tisch gesetzt, um gute Manieren zu zeigen, sondern um satt zu werden. Die Speisen wurden auf den Tisch gestellt und jeder konnte sich bedienen. Damals gab es auch den Spruch: „Guten Appetit! Nimm dir einen Löffel und iss

Ja ich weiß schon gar nicht mehr, wo wir überall geholfen haben. Bei der Tinitante war ich auch oft. Die hätten sich in der Früh heimlich hinaus geschlichen, daß sie mich nicht wekten. Aber ich war schon fertig angezogen. (*Jetzt weiß ich, woher mein Arbeitseifer kommt.*) Da sind sie schon mähen gegangen um drei Uhr früh. Ja das war

35 Die Heuernte vor 80 Jahren,

eine ganz steile Wiese, aber ich habs dort gelernt.

Beim Mähen mit der Sense muss das Gras feucht sein, weswegen man am Morgen mähen muss, solange der Tau noch liegt.

Mit der Sense auf einer steilen Wiese zu mähen, ist besonders schwierig. Ich habe es versucht, habe es aber nie richtig gelernt.

Sonstiges in Inzell

Ja, im Winter konnten wir oft nicht in die Schule gehen. Da gabs ja immer so viel Eis auf der Donau, da konnten wir oft nicht überfahren.

Das Eis auf der Donau ist aus zwei Gründen verschwunden: Einerseits haben die Donaukraftwerke ein Treibeis praktisch verhindert oder zumindest stark eingeschränkt.
Andererseits sind die Temperaturen heute so hoch, dass es auf den Flüssen und Seen nur noch geringfügig und selten Eis gibt. Das Eis

36 Eisstoß (Niederösterreich)

auf der Donau gab es noch in meiner Kindheit und in meiner Jugend. Ich erinnere mich daran, dass der Stausee beim Kraftwerk Aschach eine derart starke Eisdecke hatte, die sogar Autos getragen hatte.

Große Angst und großen Respekt hatten alle vor einem Eisstoß. Der entsteht vor allem im Frühjahr, wenn sich das Eis löst und sich an Engstellen sammelt und damit die Donau staut. Sobald dieser „Staudamm" bricht, bedeutet das für das Land unter der Engstelle ein gewaltiges und vor allem ein extrem starkes Hochwasser.

Aber welch lustige Zeit wir hatten mit dem Schlittenfahren. Bis in die Nacht hinein, bis der Vater gepfiffen hat.

Ja, jetzt hätt ich bald eine vergessen von Inzell, eine Nachbarin. Ihre Mutter war ja eine eigentümliche Person. Öfter fuhr sie, die Nachbarin, alleine mit der Zille über die Donau. Ich glaub, da sie zerstritten war mit den andern. Drüben gingen wir alle wieder gemeinsam in die Schule.

Zur Osterzeit war auch ein schöner Brauch in Inzell. In der Karwoche mußten wir bald früh morgens aufstehn und statt dem Tagläuten mußten wir ratschen. Und abends wurde in der Kirche der Rosenkranz gebetet und dann mußten wir wieder rund um die Kirche gehen und wieder ratschen. Die M. war die Vorratscherin.

Da die Kirchenglocken zumeist eine festliche Stimmung ausdrücken, werden sie in den traurigsten Tagen der Christen – von Gründonnerstag bis Karsamstag nicht geläutet. In dieser Zeit werden die Glocken durch das Ratschen ersetzt. Die Ratsche ist ein Gerät, das durch geschicktes Drehen ein Klappergeräusch erzeugt. Kinder gehen mit den Ratschen um 6 Uhr, 12 Uhr und 18 Uhr lautstark durch den Ort.

37 Modell einer Ratsche

Meine Anstellung im Kindesalter

Jetzt kommt schon die Zeit, wo ich von daheim fortkam. Und so kam ich halt nach Wesenufer zu einer Verwandten, vom Vater eine Kousine und von der Mutter auch.

Mein Vater war immer als Aushilfe in der Au drüben, so heist der Ort. Der ist gegenüber von Schlögen. Ja und da waren vier solche Meldestellen von der Strombauleitung aus. Wegen der Donauschlinge mußte immer gemeldet werden, wenn ein Schiff herauf oder

38 Signalstation Bursenmühle

auch welche herunter kamen. Das war die Au, dann war Schlögen, dann Wesenufer und am vierten war Engelhartszell (Die Meldestellen entlang der Donau).

Heute haben die Schiffe eigene Radaranlagen, um sicher navigieren zu können. Außerdem gibt es keine Schiffe mehr mit „angehängten" Schleppern. Vor allem bei der Talfahrt war es sehr schwierig, das Schiff und die an einem Seil dahinter hängenden Schlepper so zu manövrieren, dass sie weder am Ufer landeten, noch ein entgegenkommendes Schiff rammten.

Um rechtzeitig auf ein Schiff aufmerksam zu machen, gab es diese Meldestellen. Die hatten eine ähnliche Funktion wie die Bahnwärterhäuser für die Eisenbahn.
Durch die hohen Herausforderungen bei der Navigation gab es für Schleppschiffe strenge Regelungen und Einschränkungen für Nachtfahrten. Und bei Nebel hat man immer die Nebelhörner der Schiffe gehört. So haben sie gegenseitig auf sich aufmerksam gemacht.

Jetzt muß ich aber etwas zurück greifen, wieso ich dann nach Wesenufer kam. In der Au bei diesem Wärterhaus war schon ein älterer Mann, er war halt schon schwerfällig. So mußte der Vater an einem Samstag für diesen Mann nach Hofkirchen gehen und für die Familie einkaufen.

Offensichtlich hat die Unterstützung der Alten und Gebrechlichen auch ohne große soziale Einrichtungen funktioniert. Den Weg von Au nach Hofkirchen bin ich auf einer meiner Weitwanderungen gegangen. Der ist wirklich lang.

Er muste ihn auch oft beim Telefon vertreten. Das war auch von der Strombauleitung aus. Da mußte man immer melden, wenn ein Schiff durchfährt oder eines stehen bleibt und nicht weiter fährt. Da mußte man noch so kurbeln beim Telefon. Wollte man Au anrufen, einmal kurbeln. Das zweite war Schlögen, mußte man zweimal kurbeln. Das dritte war Wesenufer, da mußte man dreimal kurbeln. Und das vierte war Engelhartszell, da mußte man viermal kurbeln.
Vater wird halt in dieser Zeit froh gewesen sein, weil bei der Strombauleitung fast immer die Arbeitslose herrschte oder gar nur mehr der Notstand, da gab es fast nichts mehr.

Nach Auslaufen der Arbeitslosenunterstützung (zwischen 20 und 30 Wochen nach dem Verlust der Arbeit) erhielten die Arbeitslosen nur noch die Notstandshilfe, die noch erheblich unter dem Arbeitslosengeld lag.

Meine Mutter musste bei ihrem späteren Arbeitgeber in Wesenufer manchmal auch die Meldungen an die nächste Signalstation weitergeben. Da sie ihr Leben lang noch nie telefoniert hatte, war sie beim ersten Telefonat äußerst aufgeregt und glaubte, besonders „gepflegt" sprechen zu müssen. Aus dem „Ein Schiff ist stehen geblieben," wurde ein „Ein Schiff ist stecken geblieben." Die Korrektur der Seniorchefin kam umgehend: „Red', wia da da Schnobl g'wachsn is!"

Und da haben die Herren dem Vater versprochen, wenn der Hr. Huber – so hieß der Mann – in Pension geht dann kommt nur der Vater für diese Stelle in frage. Weil die mußten ja alle bei so einer Anstellung mit 60 Jahre in Pension gehen.

Aus dem Ausdruck „die Herren" ist die Hochachtung, teilweise die Ehrfurcht (Ich bin mir nicht sicher, ob die Ehre oder die Furcht stärker war.) und die Angst vor den leitenden Mitarbeitern erkennbar. „Die Herren" waren auch die, die die Herrschaft ausübten, obwohl sie eigentlich „kleine" Angestellte waren. Zwischen den einzelnen Hierarchiestufen gab es erhebliche Machtunterschiede, die genutzt und manchmal auch missbraucht wurden.
Diese Hierarchieunterschiede und die damit verbundenen Merkmale (weißer oder blauer Arbeitsmantel, gewöhnlicher oder Firmenparkplatz, eigenes oder Sammeltelefon ...) wirken in verschiedenen Unternehmen sogar heute noch, haben aber kaum mehr eine Bedeutung.

Auch in den Unternehmen setzten sich in den letzten Jahrzehnten des letzten Jahrhunderts allmählich demokratische Regeln durch und die Angst vor Vorgesetzten ging zurück. Inzwischen gibt es manchmal sogar Überreaktionen. Gewalt und Machtmissbrauch der Vorgesetzten wurden teilweise von einer Respektlosigkeit der Mitarbeiter abgelöst. Oft habe ich sogar eine Angst der Chefs vor ihren Mitarbeitern festgestellt. Wahrscheinlich gab es diese Angst früher auch schon, wurde aber mit Gewalt und Machtmissbrauch unterdrückt.

Ein Pensionsalter für Männer mit 60 Jahren erscheint heute niedrig. Bedenkt man die niedrige Lebenserwartung, ist ein Pensionsalter von 60 Jahren verständlich. Die Lebenserwartung beträgt in Österreich heute 78,0 Jahre bei Männern und 83,3 Jahre für Frauen. Vor 100 Jahren waren es für Männer 40,6 Jahre und bei

Frauen lag die Lebenserwartung bei 43,3 Jahren. Dabei wurde die Lebenserwartung durch eine hohe Säuglingssterblichkeit stark verzerrt. Mit Reduktion dieser erhöhte sich die Lebenserwartung erheblich.

Das Pensionsantrittsalter wurde in den letzten 100 Jahren nicht einmal annähernd der höheren Lebenserwartung angepasst, was insofern erfreulich ist, dass die Pension länger genossen werden kann. Dem muss man natürlich entgegenhalten, dass damit die Pensionsleistungen gewaltig steigen und von den „Jungen" verdient werden müssen. Mit den Pensionsbeiträgen, die wir Alten einbezahlt haben, haben wir die Pensionisten von „damals" bezahlt, unsere heutigen Pensionen zahlen die Jungen. Außerdem konnte sich ein großer Teil der Alten aufgrund vieler Faktoren länger die Gesundheit erhalten, wodurch die Pensionszeit auch noch gut genutzt werden kann.

Für die Gesellschaft stellen sich im Zusammenhang mit den Pensionen mehrere Fragen:
Ist das Leistungsvermögen der Menschen mit Pensionsantritt nicht noch so hoch, dass sie ihre Arbeitskraft der Gesellschaft zur Verfügung stellen könnten und sollten?
Ist die Pensionszeit mit durchschnittlich etwa 20 Jahren finanzierbar und können die Jungen die Pensionen noch erwirtschaften?
Ist das lange Pensionsalter noch „sozial gerecht"?
Diese Fragen wurden in den letzten Jahrzehnten immer wieder als Thema genannt. Bisher hat es in Österreich kein Politiker gewagt, das Thema aufzugreifen. Zu groß ist der Anteil der Pensionisten an den Wahlberechtigten. Leider bleiben die meisten Politiker lieber an der Macht, als dass sie anstehende Probleme lösen.

Das war ja auch so ein schönes Haus wie beim Großvater. Ja und dann kam alles anders. Der Mann, welcher die Stelle bekommen hat, hatte eine etwas lustige Frau und der Strommeister war auch so einer. So hatte dann alles ein trauriges Ende genommen. Der Vater hat direkt geweint damals.

Ja und so kam es, das ich nach Wesenufer kam. Der Vater in der Au am Telefon, die Maridl in Wesenufer. Und sie hatten schon drei kleine Kinder. Die T. drei Jahre, die F. zwei Jahre und der H. ein paar Monate.

39 Der Arbeitsplatz meiner Mutter von 1938 bis 1947

Mein Vater wollte nicht zusagen, weil ich ja doch noch in die Schule gehen mußte. Aber die Mutter sagte einmal, als sie in der Kammer waren: „Geh sag ihr zu. Schau wir haben dann eins weniger zum Essen." Ja und ich war im Februar 13 Jahre und am 6. Juni kam ich schon nach Wesenufer.

Der Vater sagte, als er mich nach Wesenufer brachte: Wenn sie grob ist zu dir, daß du es mir sagst; am Buckel (Rücken) trag ich dich heim. Ja er war so ein braver Vater.

Natürlich ist es schrecklich, wenn Kinder als Arbeitskräfte einge-setzt werden und sogar ihr Elternhaus verlassen müssen. Heute empören wir uns über Kinderarbeiten in Fernost und weigern uns, Waren von dort zu kaufen.

Vor zwei Generationen war Kinderarbeit bei uns für viele Familien die einzige Chance zum Überleben der gesamten Familie. Kinder mussten nicht nur im Haushalt, in der eigenen Landwirtschaft oder im eigenen Betrieb mitarbeiten, Kinder mussten oft von zu Hause weg, zu Bauern oder in andere Haushalte und wurden dort als Arbeitskräfte eingesetzt.

Bei den heutigen Bedenken gegen die Kinderarbeit frage ich mich manchmal, was für die betroffenen Kinder besser ist: Die von ihnen hergestellten Waren zu kaufen oder sie nicht zu kaufen. Dabei denke ich an meine Mutter. So hart die Entscheidung für die gesamte Familie war, sicherte sie doch der gesamten Familie, einschließlich meiner Mutter, ein „besseres" Leben.

Meine Brüder und ich mussten bereits in der Kindheit und in unseren jugendlichen Jahren manchmal mitarbeiten. Besonders in Erinnerung geblieben sind mir – ich glaube meinem älteren Bruder Helmut noch viel mehr – das jährliche „Holzarbeiten" und die Sanierungsarbeiten in der Wohnung wie zum Beispiel regelmäßiges Fensterstreichen. Möglicherweise entschied ich mich Jahre später für eine Stelle in einem Unternehmen, das

40 Das jährliche Holzarbeiten

Kunstofffenster erzeugte (Kunststofffenster müssen nicht gestrichen werden.).

Heute ist der Einsatz von Kindern für solche Arbeiten beinahe verpönt. Verlangen wir von unseren Kindern zu viel, wenn wir sie für Arbeiten einsetzen? Ist es falsch, den Kindern zu zeigen, dass nicht nur Nehmen, sondern auch Geben zu einem gesunden Zusammenleben gehören? Sollten wir den Kindern nicht auch lernen, dass sie in erster Linie selbst für sich verantwortlich sind und für sich Sorge tragen müssen? Lernen sie mit diesen kleinen Arbeiten nicht auch ein wenig Selbstverantwortung?
Einfach zum Nachdenken!

Die Bedeutung der Schulbildung

Ich brauchte dann bis im Herbst zu Schulbeginn nicht in die Schule gehen. Und dann auch nur einen Tag in der Woche. Auf diesen Tag freute ich mich immer, denn es war schon stark, gleich drei kleine Kinder.

Die Schulbildung wurde bis zur Mitte des 20. Jahrhunderts in weiten Bevölkerungskreisen wenig geschätzt. Ein erheblicher Teil der Bevölkerung war in der Landwirtschaft tätig. Auch im Gewerbe und in der Industrie standen weniger die Schulbildung als vielmehr die handwerkliche Geschicklichkeit und die körperliche Kraft im Vordergrund. Was hätte man mit einer breiten Schicht gut gebildeter Menschen anfangen sollen? Angebot und Nachfrage bestimmen auch hier letztlich den Markt. Außerdem war der Einsatz der Kinder zu Hause wichtiger und wertvoller als ein Schulbesuch. Zusätzlich waren die Möglichkeiten für Frauen in der Wirtschaft stark beschränkt (fehlende Gleichstellung, hohe Kinderanzahl mit gleichzeitiger Bindung an den Haushalt, Missachtung der Frau etc.). Eine Investition in die Ausbildung eines Mädchens galt fast als „Verschwendung".

Mit der wachsenden Industrialisierung nach dem Zweiten Weltkrieg stieg der Bedarf an höher gebildeten Mitarbeitern und damit die Bedeutung der Schulbildung. Außerdem hatten die „Gebildeten" angenehmere Arbeitsbedingungen und, da sie nicht in beliebiger Anzahl verfügbar waren, eine bessere Entlohnung. Die Bedeutung der Bildung wurde offenkundig und das Motto „Unsere Kinder sollen etwas lernen, damit es ihnen einmal besser geht als uns," war die neue Gesellschafts- und Familienphilosophie.

Die arbeitenden Menschen werden in Österreich bis heute in Arbeiter und in Angestellte eingeteilt. Die Angestellten waren weitgehend die mit einer höheren Schulbildung, die Arbeiter hatten

„nur" eine Lehre oder waren Hilfsarbeiter. Mit der Rolle Arbeiter oder Angestellter war sogar die politische Haltung vorbestimmt. Arbeiter standen überwiegend in der „roten Reichshälfte", Beamte und Angestellte in der „rechten".

Die Trennung in Arbeiter und Angestellte halte ich heute weder gesellschaftlich, noch betriebswirtschaftlich für gerechtfertigt. In einem Unternehmen arbeiten Mitarbeiter mit unterschiedlichen Aufgaben. Diese Tätigkeit und die erbrachte Leistung bestimmen die Entlohnung. In ihrer Würde sind alle gleich und gleichwertig.

Wie sehr die fehlende Schulbildung die beruflichen Aufstiegsmöglichkeiten einschränkt, konnte ich als Vorgesetzter feststellen. Mit mir arbeitete ein technisch perfekter, als Mensch ein Vorbild und organisatorisch überzeugender Servicetechniker. Ich habe ihm die Position „Montageleiter" angeboten, was für seinen Status und für seine Entlohnung ein gewaltiger Aufstieg gewesen wäre. Er hat abgelehnt. Erst nach Wochen habe ich herausgefunden, dass er sich die Position aufgrund seiner mangelhaften Schulbildung – insbesondere mangelnder Rechtschreibkenntnisse - nicht zugetraut hat.

Dies ist nur ein Beispiel dafür, dass in den letzten Jahrzehnten mehr besser und höher ausgebildete Menschen in der Wirtschaft und Verwaltung benötigt werden. Fachschulen, Fachhochschulen und Universitäten wurden entsprechend ausgebaut.
Dazu einige Zahlen: Die Schülerzahl in den höheren Schulen ist in den letzten 100 Jahren von ca. 70.000 auf 450.000 gestiegen. Die Anzahl der Studenten auf Unis und Fachhochschulen stieg von etwa 15.000 auf 250.000. Und ein Großteil der Absolventen konnte in der Arbeitswelt eingesetzt werden.

Als Folge dieser Entwicklung veränderten sich auch die Aufgaben der Unis in den letzten Jahrzehnten. Ohne darauf näher einzugehen: Aus der Bildung wurde weitgehend eine Ausbildung, was den Vorstellungen des Arbeitsmarktes entgegenkam. Eine Eliteausbildung geht damit möglicherweise verloren.

Für die Zukunft erwarte ich einen Wandel der Bedeutung der Ausbildung. Die Entwicklungen der letzten Jahrzehnte, insbesondere der Einzug der künstlichen Intelligenz in alle Gesellschafts- und Geschäftsbereiche, lassen viele Arbeiten und die damit verbundenen Positionen, insbesondere die klassischen „Angestelltentätigkeiten", wegfallen. Viele der höher Gebildeten der letzten Jahrzehnte werden ersetzt werden. Andererseits wird der Bedarf an absoluten Spitzenkräften wachsen. Auch Handwerker werden wieder stärker gefragt sein.

Wie sollen die Bildung und die Ausbildung in den nächsten Jahrzehnten gestaltet werden? Die Massen an Hochschulabsolventen werden nicht mehr erforderlich sein. Viele werden durch die KI nicht ersetzt, aber doch stark reduziert werden. Stärker gefragt werden Spitzenkräfte sein, aber ihre Anzahl wird sinken. Wie wird unser Schulsystem aussehen, wenn wir der Forderung „Nicht für die Schule, für das Leben lernen wir" entsprechen wollen? Ich wage keine Prognose.

Erinnerungen an Weihnachten

..... muß heute ein paar Zeilen schreiben, hab heute so eine traurige Stimmung. Denke so weit zurück, als ich daheim den Heiligen Abend noch verbracht habe. Wir waren wirklich ganz bescheiden. Welch eine Freude, wenn es klingelte und draußen vor der Tür stand ein schöner Christbaum. Geschenke hat es nicht viele gegeben, nur ein Paar Schuhe, was wir halt so brauchten.

Einmal bekam ich einen kleinen Ofen, was das für eine Freude war. Als wir dann schlafen gingen, haben Vater und Mutter dann den Rosenkranz gebetet, weil in die Mette konnten sie nicht gehen, weil meistens so viel Eis auf der Donau war, daß sie mit der Zille nicht über die Donau fahren konnten.

In Wesenufer war auch der Heilige Abend immer sehr schön. Ich ging so lang sie noch lebte, die alte Frau S. Oma, mit ihr in die Mette.

Als dann Pappa, Helmut und ich zum ersten mal miteinander in Inzell *(siehe später)* feierten, das war ganz schön. Anni und Fritz *(Schwester und Schwager)* waren auch da und natürlich Oma. Es gab noch gar nichts zu kaufen, ich hab Pappa eine hölzerne Zigarettendose gekauft und ein Buch, wo ich gar nicht gewußt hab, daß es ein politisches war. Aber es waren die schönsten Weihnachten, wir sind im Haus herumgelaufen und so heimlich getan mit den paar Sachen.

Das christliche Weihnachtsfest war ursprünglich eigentlich kein christliches Fest und hat seinen Ursprung im heidnischen Fest der Wintersonnenwende. Als die Menschen trotz ihrer Christianisierung nicht aufhörten, dieses Fest zu feiern, hat Papst Liberius im Jahr 354 den 25. Dezember als das Geburtsfest Jesu festgelegt. Bei den Römern wurde an diesem Tag der Sieg des Lichtes über die Dunkelheit gefeiert, was gut zur Geburt von Jesus passte. Vieles hat sich die Kirche gerichtet, dass es für sie gepasst hat. Wenn auch nicht alles davon besonders rühmlich war, aber Weihnachten zählt da zu den Pluspunkten.

Aus den Schilderungen meiner Mutter wird sichtbar, dass früher im Vordergrund des Weihnachtsfestes vor allem die kirchlichen Bräuche standen. Erst in den letzten Jahrzehnten hat sich Weihnachten stärker zu einem Fest der Geschenke und der Geschäfte entwickelt. Die Bedeutung der kirchlichen Gepflogenheiten und Riten hat, wie in so vielen anderen Bereichen auch, stark abgenommen. Dabei ist Einiges an Besinnlichkeit und Ruhe verloren gegangen. Aber mit dem Weihnachtsfest ist es vielleicht wie mit dem Erleben der Kindheit: Für jede Generationen ist es schön – auch wenn kaum mehr vergleichbar.

Mit der Veränderung von Festen und von Bräuchen verändern wir auch einen Teil unserer Identität. Aber die Identität eines Volkes wird durch sein Handeln und Denken und nicht nur durch seine Vergangenheit bestimmt. Und unser Handeln und Denken zu Weihnachten haben sich stark gewandelt.
Da stellt sich für mich die Frage, ob wir nicht unsere ursprüngliche „Weihnachtsidentität" (Christkind, Geburt von Jesus, Stille und Besinnung ...) gegen eine „importierte amerikanische Weihnachtsidentität" (Weihnachtsmann, Geschenke, Lichtermeer, Jubel, Trubel, Heiterkeit ...) ungesehen tauschen. Ist das noch eine Identität oder nur noch eine Imitation?

Weihnachten ist auch der Kirche verloren gegangen. Es wurde durch weltliche und kommerzielle Bräuche überlagert und der eigentliche Sinn ist nicht mehr erkennbar. Ist Weihnachten wieder zu einem heidnischen Fest zurückgekehrt? Ein Teufelskreis!

Manchmal legen wir etwas weg, um die Hände für Neues frei zu bekommen. Sehr oft bemerken wir zu spät, dass der Tausch alt gegen neu eigentlich nicht vorteilhaft war.
Einfach zum Nachdenken!

Die politische Entwicklung

Ja das kann ich auch nicht vergessen, als der Hitler *(März 1938)* in Österreich einmarschiert ist. Da ist der Vater heimgekommen, er war beim Großvater, weil wir hatten noch kein Radio. Und da schrie er gleich zur Mutter: „Pauline, jetzt gibt's wieder Arbeit, der Hitler ist gekommen."
Aber er war nie ein Nazi, aber er hoffte halt wegen der Arbeit. Aber er mußte auch noch einrücken und sein Leben lassen. *[Mein Großvater ist auf der Krim gefallen.]*

Die Verbrechen der Nationalsozialisten sind unvorstellbar und durch nichts zu rechtfertigen oder zu begründen.
Um die Begeisterung eines Großteils der Österreicher zu verstehen, ohne sie gutzuheißen, muss man die Situation Österreichs näher betrachten: Die erste Republik führte zwar zur Demokratie, die aber 1934 eigentlich wieder abgeschafft wurde. Es gelang nicht, aus dem ehemaligen Großreich einen vernünftigen, eigenen, völlig anderen Staat zu schaffen. Zu groß waren die politischen Unterschiede, zu stark der Kampf der Parteien um die Vormacht im Staat, zu problematisch das wirtschaftliche Desaster ......
Nach dem Bürgerkrieg, der darauffolgenden Diktatur sowie nach der Weltwirtschaftskrise blieb ein hoffnungsloses Gebilde, gezeichnet von Unsicherheit, Arbeitslosigkeit, Angst und Verzweiflung. Gleichzeitig gab es in Deutschland einen Aufschwung durch die Aktivitäten von Hitler.

Die Lage meiner Großeltern war 1938 fast aussichtslos: Sie hatten vorher ein kleines „Sacherl" (Kleine Landwirtschaft, die allein kaum lebensfähig war und nur erhalten werden konnte, wenn es daneben noch Arbeitseinkünfte gab.) erworben und sich entsprechend verschuldet. Als mein Großvater arbeitslos wurde, konnten sie die Schulden nicht mehr bedienen. Ein „guter Nachbar" freute sich schon auf dieses Sacherl, für ihn ein Schnäppchen. Mit dem

Einmarsch von Hitler hatte mein Großvater wieder Aussicht auf Arbeit, wodurch er das Haus halten konnte. Der Einmarsch von Hitler war für viele ein Rettungsanker. Wenn du am Verhungern bist, prüfst du den, der dir das Brot zum Überleben reicht, mit anderen Augen. Heute darüber zu urteilen, steht uns möglicherweise zu. Die Begeisterung zu verurteilen, steht uns solange nicht zu, solange wir nicht in einer ähnlichen Lage sind.

Zur politischen Entwicklung nach 1945 hüllt sich meine Mutter weitgehend in Schweigen. Sie hat sich damit aber auch nie ernsthaft beschäftigt. Möglicherweise war sie von der Politik schon zu oft in ihrem Leben ge- und enttäuscht worden.

Die Politik nach 1945 war bis zur Jahrtausendwende von den zwei Großparteien, ÖVP und SPÖ, dominiert, die sich Österreich „aufteilten". Die Macht der beiden Parteien, bei denen in Führungspositionen immer wieder ehemalige Nazis auftauchten, wurde zum Teil schamlos genutzt: So war es schwierig, ohne Parteibuch eine Wohnung zu bekommen. Für Posten in der Verwaltung und in vielen Unternehmen waren ebenfalls Parteimitgliedschaften erwünscht, wenn nicht sogar gefordert.
Aber offensichtlich ist die Entwicklung von demokratischen Systemen, die einer Diktatur folgen, der einer Diktatur sehr ähnlich. Auch in den ehemals kommunistischen Ostblockländern besetzten kurz nach der Demokratisierung wieder die „alten Parteibonzen" einflussreiche Positionen. Zu hoch ist das Machtstreben mancher Menschen und zu stark ihre Macht. Außerdem nutzten viele ihre bestehenden Verbindungen.

Die Macht der beiden Parteien betraf viele Lebensbereiche. Als ich nach der vierten Klasse Gymnasium die Schule wechseln wollte (Ich wollte von Hall in Tirol nach Linz.), wurde meinem Vater eine Parteimitgliedschaft nahegelegt, „damit es keine Probleme gibt". Wie pervers ist es, den Vater in eine Partei zu zwingen, weil der Sohn die Schule wechseln möchte?

Die Herrschaft und die Macht einschließlich des Machtmissbrauchs der beiden Großparteien nahmen im Laufe der letzten Jahrzehnte stark ab und haben allmählich einer Demokratisierung Platz gemacht. Neue Kleinparteien mit eigenen Zielen und eigenen Vorstellungen erhielten eine Chance. Damit ist es aber schwierig geworden, Mehrheiten mit gemeinsamen Zielen zu finden. Viele Regierungen waren nur noch Kompromisse, um an der Macht zu bleiben, nicht um Aufgaben zu bewältigen. Vieles wartet auf Lösungen.

Wiederholt hören wir daher heute den Ruf nach einem „starken Mann" oder einer „starken Frau". Dies ist nicht der Ruf nach einer Diktatur, sondern der Wunsch nach jemand, der die anstehenden Aufgaben angeht und löst. Die Demokratie in der derzeitigen Form verhindert weitgehend in weiten Teilen Europas gezielte Maßnahmen. Ob Demokratien, die aufgrund ihres Wahlsystems eindeutige Mehrheiten bringen (England, USA zum Beispiel) sinnvoller sind, wage ich bei der Entwicklung dieser Länder in den letzten zwanzig Jahren nicht zu behaupten.

Wie sieht die optimale Demokratie aus? Ich kann es nicht genau sagen. Meines Erachtens haben wir in einzelnen Bereichen mit einer vermeintlichen Demokratisierung über das Ziel hinausgeschossen. Wir verwechseln Demokratisierung mit der absoluten, unkontrollierten Freiheit ohne Regeln und Sanktionen. Das Ergebnis ist die Respektlosigkeit vor Werten, Menschen, aber auch Institutionen. Verzichtet eine Demokratie auf menschliche Grundregeln, ist sie nicht viel mehr wert als eine Diktatur. Beide verzichten auf absolut notwendige Grundregeln. Ein Bekannter von mir prägt schon seit Jahren den Spruch: „Die beste Regierungsform ist die Demokratur." Leider gibt es keine vernünftige Alternative zur Demokratie.

Der Arbeitsplatz in der Jugend

Ja ich hatte viel Heimweh anfangs beim S.. Aber es waren ja damals die alten S. Leute noch die Besitzer. Und die alte Frau war ja eine Perle von Frau. Die junge, war halt recht grantig. Aber später als ich schon gescheiter war wusste man dann schon warum. Erstens ein Kind nach dem anderen – es kamen noch 3 dazu und dazwischen Fehlgeburten. Und der Mann war auch nicht treu; da kann man nicht lustig sein.

Und da war die Berta, die Stallmagd, die war eine ganz gute. Es waren sehr viele Leute im Dienst da beim S.. Ein Bäckergeselle, dann immer ein Lehrbub und ein Überführer, denn eine Überfuhr war auch dabei. Und viel Landwirtschaft und den Kohlenhandel hatte wir auch. Aber es war viel zu tun, aber trotzdem hatten wir es gut, immer genug zum Essen. Die alte Frau sagte immer: Cilli, hol dir was aus der Speis. Wenn was gutes da war, hat sie mir immer etwas aufgehoben.

Über Jahrhunderte standen vor allem im ländlichen Bereich fast alle Unternehmen auf mehreren Standbeinen. Viele landwirtschaftliche Betriebe führten zusätzlich auch Gewerbebetriebe (Fleischereien, Gasthäuser, Bäckereien, Transportbetriebe, Gemischtwarenhandlungen ...). Diese Wirtschaftsform hatte mehrere Vorteile: Risikoausgleich, volle Personalauslastung während des gesamten Jahres (Da wurde es nie fad.), Möglichkeit des zusätzlichen Einsatzes der Ehegattin ....

Nach dem Krieg gab es immer mehr Spezialisierungen, die teilweise erforderlich waren, um wettbewerbsfähig zu bleiben. Es entstanden „Monokulturen". Mit dem Wegfall der Vielfalt stieg zwar die Chance, höhere Gewinne zu erzielen, aber auch das Risiko, alles zu verlieren. Früher war es nicht existenzgefährdend, wenn eine Sparte etwas schlechter ging. Das konnten die anderen Bereiche ausgleichen, zumindest konnte der Betrieb erhalten werden, soweit nicht andere einschneidende Fehler begangen wurden. Durch ihre Vielfalt blieb den Betrieben mehr Zeit, auf wirtschaftliche und/oder technische Neuerungen zu reagieren. Aber das ist ein Grundgesetz in der Wirtschaft: Höhere Chancen bedingen auch ein höheres Risiko.

Ja und die Kinder waren dann schon so als wären es meine Kinder. Wenn die M. wieder schwanger war, das wussten wir gleich, weil da war sie dann so grantig. Und wenn ein kleines da war, war nur mehr das kleine für sie und zu den anderen gar nicht so lieb.

Die Stellung der Frau in der Familie war so niedrig, dass sie nicht einmal auf die Familienplanung einen Einfluss hatte. Es war vielen Männern egal, wie die Frau mit der Schwangerschaft und mit den Kindern zurechtkam. Wichtig war die eigene Befriedigung und der Rest war das Problem der Frau.

Wenn ich irgendwo hin gehen mußte, mußte ich immer den Hugo mitnehmen. Wenn er hin fiel und ich gerade nicht da war, da schrie er: „Lilli heb mich auf!" Er ist nur bei mir aufgestanden. Einmal waren die Gänse ganz nahe bei ihm, aber er stand erst auf, als ich bei ihm war.
Ich hab eigentlich viel vergessen von meiner Jugendzeit, aber was mit den Kindern war, da fällt mir eigentlich viel ein. Wenn ich Jahre später nach Wesenufer kam, wo die Kinder schon alle groß waren, sagten sie immer: Weißt du es noch als du uns mit dem Leiterwagerl an einem Sonntag immer nach Inzell mitgenommen hast. Da gabs noch keine Asfalt-Straße und Eisen auf den Rädern. Aber ich wollte halt öfters heim und so nahm ich halt die drei Kinder mit. Wir hatten ja eine Konditorei dabei und da hatte niemand Zeit für die Kinder.

Wie sehr die Kinder, die meine Mutter behütet und gepflegt hat, sie geliebt und geschätzt haben, sah ich beim 80. Geburtstag meiner Mutter. Alle „ihre" Kinder waren nach 60 Jahren aus verschiedenen Teilen Österreichs gekommen. Auch meine Mutter fuhr noch nach Jahrzehnten gerne zu ihren ehemaligen Chefs. Geben und Nehmen gleichen sich im Leben irgendwann aus.

Die Kinder wuchsen damals teilweise unbeschwerter auf als heute. Vieles lernten sie in der Familie von den Geschwistern. Die Anzahl der Kinder in einer Familie war hoch. Zusätzlich hatten die Kinder Freunde in der Nachbarschaft, von denen sie auch lernen konnten.

Ich erinnere mich an einen Kunden, einen sehr erfolgreichen Tischler. Dessen Stärke war die Mitarbeiterführung. Seine Antwort auf meine Frage, wo er Mitarbeiterführung gelernt habe, war: „Ich hatte zehn Geschwister. Ich war in der Mitte. Da lernst du alles: Geben, nehmen, nachgeben, durchsetzen, streiten, zuhören ..."

Die Abwanderung vom Land in die Ballungszentren nach dem Krieg bewirkten unter anderem: Die Wohnungen in den Ballungszentren waren klein, teuer und schwer zu bekommen. Um sie sich leisten zu können, mussten auch die Frauen auswärts arbeiten. Für eine große Kinderschar fehlten die Voraussetzungen. Eine bessere Aufklärung und in der Folge die Antibabypille ermöglichten eine bessere Familienplanung. Die Anzahl der Kinder sank. Die Spielkameraden blieben aus.

Die Eltern mussten jetzt die Spielgefährten ersetzen. Inzwischen müssen die Eltern das Geld im Beruf verdienen, die Kinder betreuen, mit den Kindern spielen ... Es bleibt ihnen zu wenig Zeit für sich selbst. Sie können sich nicht „verwirklichen", manchmal nur selbst zu sein. Die Rufe nach Kindergrippen und Ganztagsschulen haben auch dort ihre Wurzeln.

Ob diese gesellschaftliche Entwicklung insgesamt gesund (Wir sind inzwischen ein sterbendes Volk.) und gescheit ist, kann und will ich nicht beurteilen. Zweifelhaft ist für mich die Finanzierung dieser Forderungen. Damit die Eltern höhere Einkommen *beziehen können, soll die Allgemeinheit ihre Elternaufgaben übernehmen und auch finanzieren. Damit bleibt im Familienbudget Einiges für ein neues Auto, für Urlaube und für sonstige Annehmlichkeiten. Das Geld hat zwar kein Mascherl, aber eigentlich finanziert die Öffentlichkeit und somit ich als Steuerzahler diese Annehmlichkeiten. Kindermädchen mussten früher von den Eltern bezahlt werden. Heute schieben wir diese Verantwortung der öffentlichen Hand zu. Aber ist nicht jeder von uns nicht auch ein wenig öffentliche Hand?*

Ja ich mußte sie auch immer baden, als später die drei auch schon dabei waren.
Ich mußte ja dann auch das Melken lernen, denn eine Magd nach der anderen heiratete weg. Und es wollte ja niemand zur Landwirtschaft gehen. Weil wenn man da bei der Krankenkasse angemeldet war durfte man nicht mehr weg. Aber ich muß sagen, es war mir sehr lustig.

Mägde waren für Landwirte die idealen Ehefrauen, da sie sofort auf dem Hof eingesetzt werden konnten. Die Landwirtschaft selbst verlor durch die steigende Industrialisierung teilweise seinen Anreiz. Die Landwirtschaft wurde meist umfassend (Getreide, Schweine, Rinder Hühner etc.) betrieben. Daher gab es kaum freie Zeiten oder Urlaube. Auch die Landwirtschaft hat sich in den letzten Jahrzehnten spezialisiert. Monokulturen sind entstanden. Risiko und Chancen der Bauern sind gewachsen.
Die Strukturänderung in der Landwirtschaft habe ich bei der Hundeausbildung erfahren. In der Hundearbeit gibt es die Disziplin „Fährtenarbeit". Dabei sucht der Hund die Spur, die man selbst oder ein Dritter einige Zeit vorher gegangen ist. Vor allem in der Anfangsphase der Ausbildung geht man gerne auf einer Wiese, da hier die Bodenverletzungen und die dabei entstehenden Gerüche intensiver sind. Obwohl es in Leonding noch viele sehr große Landwirte gibt, ist kaum eine größere Wiese zu finden. Gras und Heu von den Wiesen brauchen Rinder. Die gibt es in Leonding aber nicht oder kaum mehr. Monokulturen (Körndl-

oder Gemüsebauern) dominieren.

Ich mußte auch immer Brot und Semmeln austragen in alle möglichen Richtungen. Das Radfahren mußte ich auch erst in Wesenufer lernen. Denn bei den weiten Strecken mußte ich mit dem Rad fahren. Ja da war ein schmaler Weg in die Kramesau hinauf, der war ganz nass vom Regen. Da hat es mich einmal geschmissen, dass die Semmeln in die Donau hinein fielen. Gott sei Dank das Geld und die Markerl auch nicht. Da mußt man ja immer die Brotmarkerl herunter schneiden. Der Überführer sagte dann zu Haus: Ich glaub der Cilli ist etwas passiert, weil die Semmeln die Donau herunter kommen. Ich hatte einen Bänderiss im Knie und mußte heim hüpfen.

Wir hatten auch den Überfuhrbetrieb dabei. Wir hatten da so einen bißchen behinderten als Überführer. Aber der konnte das gut, mit dem Mutzen. Der Mutzen war eine große Plätte *(Siehe die Abbildung bei den Wasserfahrzeugen.)*

41 Überfuhr Wesenufer mit Brauereiauto

Die war aber mit einem Seil nach oben angemacht. Er musste nur steuern. Ja und wenn er ein Auto drauf hatte, fing er schon in der Mitte der Donau mit seinem Blashorn an zum blasen. Das hieß für uns: Wir mußten hinunter gehen und ihn mit dem beladenen Mutzen (Überfuhr) mit einem Seil etliche Meter zurückziehen, weil wo er ankam kein „Schlag" *(Ein Schlag ist eine Ausfahrt in der Uferböschung.)*, keine richtige Stelle war, wo das Auto heraus konnte. *(Durch das Gewicht von schweren Autos gab das Seil nach und die Überfuhr kam weiter unten an Land.)*

Die Donau ist in Österreich derart mächtig, dass Brückenbauten wirtschaftlich nicht möglich oder sinnvoll waren. Außerdem gab es sehr wenige Autos. Nur in größeren Städten gab es Brücken. Die Donau überquerte man mit Überfuhren. Dies waren Seilfähren, die folgendermaßen funktionierten: Über die Donau wurde ein kräftiges Seil gespannt. An dieses Seil wurde die Überfuhr (Von einer einfachen Plätte bis zu einem kleinen Schiff) gehängt. Um damit ohne Motor über die Donau zu kommen, musste der Steuermann die Überfuhr mit dem Steuerruder in einem Winkel von etwa 45 Grad gegen die Strömung stellen. Die Strömung „schob" damit die Überfuhr an das andere Ufer.

Vor allem im oberen Verlauf der Donau waren die Überfuhren weit verbreitet. Hier war die Strömung stark genug, um ein rasches Übersetzen zu ermöglichen, und der Strom ist noch nicht so breit. Kleineren Überfuhren benutzten einen „Schlag" (siehe Bild oben.), zum Ein- und Ausstieg. Bei größeren Überfuhren wurden für die Ein- und Ausfahrt eigene Landungsvorrichtungen gebaut. Diese wurden auf schwimmenden Pontons aufgebaut. Damit wurden die unterschiedlichen Wasserstände ausgeglichen. Bei Hochwasser war der Betrieb der Überfuhr zu gefährlich. Die Strömung war zu stark und im Wasser trieben gefährliche Gegenstände (Von Bäumen begonnen bis zu kleinen Holzhäusern war alles denkbar.)

Die Arbeitsplatztreue

Ja Vater hat es nicht wollen, das ich dort bleibe; er ist mit mir einmal nach Neufelden. War ich schon bei der Post aufgenommen. Aber dann haben sie mich wieder überredet zum da bleiben.

Auch in dem Geschäft in dem Kaufhaus in Wesenufer hätten sie mich so gern gewollt, hab schon ettliche Sachen hinüber gebracht in das Zimmer. Aber nein, sie jammerten und ich blieb wieder dort.

Der Vater sagte immer Du sollst dich nicht so plagen müssen, wie es uns gegangen ist.

Ich aber blieb 10 Jahre dort, es war halt schon meine zweite Heimat. Und mir war ja die Arbeit auf dem Feld so lustig, irgendwo drinnen sitzen das mochte ich ja doch nicht. Die M. und ich haben uns immer gestritten, jede wollte draußen arbeiten und nicht bei den Kindern drinnen bleiben.

Die Bindung an einen Arbeitsplatz war damals hoch. Die Ursachen dafür waren vielfältig: Es gab die Dankbarkeit, einen Arbeitsplatz zu haben. Die Möglichkeiten am Arbeitsmarkt waren beschränkt und der gesamte Arbeitsmarkt war seit Jahrzehnten äußerst unsicher.

Es gab die Unsicherheit bei einem Wechsel, ob es woanders wirklich besser, oder vielleicht sogar schlechter war.

Bei einer hohen Arbeitslosigkeit wagen nur wenige einen Wechsel, um nicht in Existenznöte zu geraten. Zusätzlich war das Selbstbewusstsein der Beschäftigten aufgrund des Despotismus der letzten Jahrzehnte und Jahrhunderte kaum vorhanden.

In Summe war es eine Mischung aus Angst und Treue, was die Arbeitnehmer an ihre Arbeitsplätze fesselte. Das Verhältnis zwischen Unternehmern und Mitarbeitern prägte den spöttischen und witzig (In den Witzen einer Nation siehst du ihre Probleme.) gemeinten Satz: „Sklaven werden nicht entlassen, sie werden verkauft." Bei meiner Mutter „behinderte" aber auch eine Art familiäre Bindung an ihren Arbeitgeber eine mögliche Kündigung. Diese Bindung und die Herzlichkeit, mit der man sich begegnete, waren noch nach Jahrzehnten spürbar.

Die Demokratisierung aller Gesellschaftsbereiche und die Entwicklung des Arbeitsmarktes hat auch das Selbstbewusstsein der Mitarbeiter beeinflusst. Das führte dazu, dass heute die Zeiten, die ein Mitarbeiter in einem Unternehmen bleibt, teilweise zu kurz sind. Aus einer Treue der Mitarbeiter ist das Gegenteil, ein Jobhopping, geworden. Ich war einige Jahrzehnte als Angestellter und später als Berater für die Personalauswahl mitverantwortlich. Bewerbern, die in den letzten zehn Jahren mehr als fünf unterschiedliche Positionen hatten, habe ich ohne weitere Prüfung der Unterlagen abgesagt. Der Einsatz eines Mitarbeiters wird erst nach ein bis zwei Jahren in einem neuen Job wirtschaftlich. Außerdem ist die Wahrscheinlichkeit hoch, dass jemand nur kurz bleibt, wenn er bisher in extrem kurzen Abständen gewechselt hat.

Ein zusätzlicher Effekt ist durch das gute Arbeitsangebot auch gegeben: Sobald erste Schwierigkeiten bei einer Tätigkeit auftreten, ist die Versuchung, lieber den Job zu wechseln, als sich mit den Problemen auseinanderzusetzen, sehr hoch. Ein kurzfristiger Jobwechsel zeigt auch hohe „Fluchtbereitschaft".

Krieg war auch daheim

Ja in der Backstube hab ich auch oft helfen müssen, um drei Uhr früh Bretzen kochen helfen. Die sind zuerst in kochendes Wasser gegeben worden und dann mußte man sie auf Gitter legen und dann hinein in den Ofen.

Lehrbuben und Gesellen hatten wir auch. Ja der eine hat gelernt und als er ausgelernt hatte, mußte er einrücken zum Militär. Ja und dann ist er auch gefallen im Krieg. So ein braver tüchtiger, alle im Haus weinten wir so sehr, auch der Chef selber. Ja dieser Krieg. Da war es fürchterlich. Wie viele gefallen sind. Als ich nach Wesenufer kam, da waren so viele junge Burschen. Und dann bei manchen Familien sind gleich zwei und auch drei gefallen.

Wir hatten auch Ausländer für die Arbeit, der Knecht mußte auch einrücken. Einen Ungarn, einen Ukrainer, einen Banater.
Ja mit dem Ukrainer hab ich schon was mitgemacht. Wenn jetzt von Vergewaltigungen die Rede ist, da muß ich immer daran denken, was ich für eine Kraft hatte. Ich hab ihn gebissen und gekrazt. Zum Glück war ein kein großer Mann.
Einmal waren wir Obstglauben, da fing er wieder an mich zu belästigen. Wir waren so abgelegen auf den Ort dort. Da lief ich auf die Straße hinunter. Da kam gerade der Markschläger Loisl mit dem Fahrrad daher, er war auf Urlaub daheim vom Militär. Ich hab es ihm gesagt. Na da hätten sie sehen sollen, der hat ihm anständige Ohrfeigen gegeben. Und später wurde dieser schneidige Bursche mein Mann. Da hatten wir alle zwei noch keine Ahnung, das wir einmal ein Paar werden.
Als sie den Ukrainer mit einem Lastauto abholten sagte er: „Ich wieder kommen und wenn du heiraten, dann zuerst deinen Mann kaputt machen, dann dich!" Ich hab öfter noch daran gedacht, hoffentlich kommt er nicht mehr.

Möglicherweise ist die letzte Spur von Skepsis gegenüber Ausländern auch auf dieses Erlebnis meiner Mutter zurückzuführen.

Ja, während dem Krieg gab es auch kein Tanzen. Wir hatten unsere Heimstunden bei der B.D.M. *(Bund deutscher Mädchen)*. So hatten wir halt da unsere Unterhaltung. Viel Sport hatten wir: Laufen, Weitspringen, Hochspringen, Kugelstoßen und dann noch gemütlich beisammen sitzen und singen. Ja es war eine traurige Zeit für die Jugend, alle mußten einrücken.

Vor allem mit dem Sport und der daraus entstehenden Gemeinschaft verstand es Hitler und verstanden es auch spätere autoritäre Systeme, die Jugend zu begeistern. Sportliche Erfolge führten zu höherem Ansehen und erlaubten auch Freiheiten, die anderen nicht zustanden.

Ja und da kam auch ein Holländer nach Wesenufer und der hat uns das Tanzen gelernt. Da hatten wir immer Tanzkurse mit ihm. Er hat dann eine Wirtstochter von Wesenufer geheiratet. Da waren dann schon mehrere Burschen vom Krieg wieder da, so lernten wir tanzen.

Der Krieg wirkte auch am Land und nicht nur in den bombardierten Städten. Jede Familie und das gesamte gesellschaftliche Leben inklusive der Freizeitgestaltung waren davon betroffen. Der Ausspruch von Joseph Goebbels in seiner Sportpalastrede im Februar 1943 in Berlin „Wollt ihr den totalen Krieg?" war weniger eine Frage, sondern eine Feststellung. Es war der totale Krieg in Europa.

Die Versäumnisse durch den Krieg führten zu einer Unterhaltungssucht nach dem Krieg, die nur durch finanzielle Grenzen eingeschränkt wurde. Viele wollten – fast mit Gewalt – das nachholen, was ihnen der Krieg geraubt, zumindest vorenthalten hat.

Als die große Liebe kam

Aber der Markschläger Loisl war noch nicht da, der war noch in der französischen Gefangenschaft. Ja und da hatten wir einmal einen Maitanz. Zuerst beim Maibaum und dann in einem Gasthaus. Da war der Lois schon da und hat so traurig immer herein geschaut. Er konnte ja noch nicht tanzen. Ich sagte zu den Anderen „Solln wir den Loisl hereinholen?"

Das Gesellschaftsleben am Land war durch einige wenige Veranstaltungen begrenzt. Eine davon war der Maitanz. Neben solchen Veranstaltungen ergänzten noch Kirchenfeste und Hochzeiten, manchmal auch Begräbnisse das gesellschaftliche Leben.
Die örtlichen Feste und Veranstaltungen waren sehr gut besucht. Das lag weniger daran, dass sie so gut organisiert waren, sondern dass sie die einzigen Unterhaltungsmöglichkeiten waren.

Als in den 60-er und 70-er Jahren des letzten Jahrhunderts auch am Land Diskotheken und sonstige Unterhaltungslokale eröffnet wurden, musste man nicht mehr auf ein Maifest, auf eine Hochzeit oder auf sonstige Veranstaltungen gehen, um sich zu unterhalten, um zu tanzen und um andere Menschen kennen zu lernen. Die traditionellen Feste verloren ihre Monopolstellung, wurden immer weniger besucht und viele wurden in den letzten Jahrzehnten aufgegeben. Ich denke beispielsweise an die Vielzahl der Bälle, die es in meiner Jugend gab. Fast jedes Faschingswochenende gab es im Umkreis von fünf Kilometern mindestens zwei, manchmal sogar vier oder fünf Ballveranstaltungen. Und alle waren gut besucht.

Ja und so hats' angefangen mit uns zwei. Da hat er mich dann heim begleitet. Gekannt haben wir uns ja schon lange. Er hat ja vor dem Krieg bei uns schon einmal geholfen in der Bäckerei, aber ich hätt nie gedacht, das der einmal mein Mann wird.

Auch nach dem Maitanz nicht so schnell. Wenn er einen Anzug oder wenigstens eine lange Hose an hatte, na ja dann gefiel er mir schon so halbwegs. Aber dann kam er immer wieder mit so einer halblangen Hose daher, da hat er wieder wie ein Bürscherl ausgeschaut. Wenn wir am Feld draußen waren da hätte er mich immer mit dem Rad abgeholt, aber ich bin nicht aufgesessen. Ja aber er hat es verstanden er hat halt so lieb sein können und dann hab ich halt doch gespürt, daß es gar nicht auf das Äußere ankommt, sondern wie der Mensch ist.

Freilich wenn ich mich öfters über ihn geärgert hab, da hab ich mir dann oft gedacht: hätte ich ihn damals doch nicht herein geholt.

Ja aber das war es halt immer. Wir hatten uns ja dann so sehr geliebt. Da verzeiht man ja wieder alles.

Meine Mutter hat meinen Vater sehr geliebt. Dies ist nicht nur nach seinem Tod sichtbar geworden. Mein Vater hatte neben vielen Stärken natürlich auch Schwächen. Ich bin davon überzeugt, dass ein Mensch einen anderen nur dann liebt, wenn er ihn mit allen seinen Stärken und Schwächen sieht und ihn so annimmt. Es geht nicht darum, den anderen zu ändern und ihn „sich zu richten", sondern ihn zu nehmen wie er ist.

Gerne bringe ich zu diesem Thema das Beispiel mit dem „grauen Esel": Eine Frau entdeckt einen Mann mit Stärken und Schwächen wie ein wilder, schwarzer Hengst. Sie heiratet ihn und „erzieht" ihn nach ihren Vorstellungen. Am Ende ist sie maßlos enttäuscht: Aus dem wilden, schwarzen Hengst hat sie einen alten, grauen Esel gemacht. Den wollte sie eigentlich nie.

Ich kann gar nicht viel schreiben schläft mir die Hand immer ein und tut sauber weh. Als ich Notizen gemacht hab und auf Zettel vorgeschrieben hab, tat mir die Hand noch nicht weh.

Ja, wir hatten uns dann am 20. Juli 1946 verlobt. Alle unsere Freundinnen und Freunde waren dabei. Wir sind zu Fuß zum Eiskramer-Wirt hinunter gegangen. Denn dort hatte eine ehemalige Magd vom …. eine Wohnung mit ihrem Mann und die haben alles so schön hergerichtet, wie bei einer Hochzeit. Ich hatte die langen Haare, da hat mir eine Freundin schöne Stoppellocken gemacht. In der Nacht sind wir dann heimgegangen. Es war sehr romantisch. Es war ziemlich weit.

Die Verlobung hat meine Mutter voll genossen. Dies ist immer wieder bei ihren Erzählungen sichtbar geworden. Bei der Hochzeit war sie bereits hoch schwanger. Nach den damaligen Moralvorstellungen „musste" jetzt geheiratet werden. Die Verlobung war in der Liebesbeziehung meiner Eltern die Kür, die Hochzeit eher die Pflicht.

Nur sehr, sehr langsam und schleppend verschwindet der prägende Einfluss der Kirchenmoral in der Gesellschaft. Zu tief eingegraben ist das Gedankengut der letzten zwei Jahrtausende. Wenn auch Vieles der christlichen Moralvorstellungen brauchbar ist, sollten wir doch noch Einiges ablegen.

Das „Liebesdrama" meiner Schwester

Jetzt muß ich aber etwas sehr trauriges aufschreiben. Zu dieser Zeit waren auch die Amerikaner noch in Österreich nach dem Krieg. Da haben sich so viele Mädchen in die Amerikaner verliebt. Und unter anderen auch meine Schwester die Anni. Ja sie hat mir oft erzählt, daß er immer seiner Mutter schreibt, daß er halt so ein liebes Mäderl liebt und sie hat ihm auch die Hosen gebügelt und auch vielleicht öfters die Wäsche gewaschen, Es war halt eine ganz große Liebe.

Ja und dann kam er irgendwo hin, wo er nicht schreiben konnte. Ja es war halt eine lange Zeit und Anni glaubte er kommt nicht mehr. Und so hat sie halt dann ihren späteren Mann kennen gelernt. Und das Aufgebot war schon für die Hochzeit, für den 17. Juli 1947 bestellt. Und ein paar Tage vorher klopfte es beim Fenster, wo die Mutter und Anni schliefen. Anni hatte es zuerst nicht gehört. Mutter sagte: Anni geklopft hat jemand. Und dann hörte Anni schon ihren Namen rufen, er sagte immer Enni zu ihr. Na das muß ja furchtbar für Anni gewesen sein. Sie kam am nächsten Tag zu mir nach Wesenufer, ich sehe sie noch heute vor mir, ein Häufchen Elend, so viel geweint hat sie: Was soll ich tun, die Mutter sagt das geht doch nicht, wo das Aufgebot schon ist.

Ich muß jetzt aufhörn, weil ich vergessen hab was der Anton sagte, denn so hieß dieser Ami. Ich muß jetzt einmal hinunter fahren, weil sie gar nicht gesund ist. Und da werde ich sie fragen, was er da gesagt hat.

So nun kann ich wieder weiter schreiben. Anni und Paula waren Freitag da. Es war der 19.3.1999. Ich hab mich so gefreut, weil wir uns so lange nicht gesehen haben. Aber die Anni ist mies beisammen. Das Kreuz und das Knie tun ihr so weh, sie bekommt jetzt eine andere Behandlung, hoffentlich wird es dann besser. Sie war immer die tüchtige, hat so viel mit ihrem Mann mitgemacht. Er hatte jahrelang Krebs. Sie mußte ihm immer selber Spritzen geben.

Das Verhältnis der drei Schwestern war bis ins hohe Alter ein sehr intensives und inniges. Die Ursachen dafür sind für mich nicht ganz offenkundig. Die gemeinsame Kindheit (von der Geburt der Dritten bis zum Auszug von zuhause der ersten) dauerte nur neun Jahre. Diese neun Jahre reichten für ein Leben lang. Aber irgendetwas hat die drei darüber hinaus innigst verbunden.

So und nun muß ich bei Anni weiterschreiben, wegen dem Anton, ihrem Freund. Er hat richtig geweint, er hatte ihr immer geschrieben, aber leider wurde die Post unterschlagen, das glaubte Anni.

Wollte man damals mit jemand in Kontakt treten, blieb fast nur der Postweg oder persönliche Boten. Telefone gab es bereits, aber aufgrund fehlender Leitungen und der hohen Kosten beschränkte sich der Einsatz auf Unternehmen, öffentliche Einrichtungen und einige wohlhabende Familien.

Auch nach dem Krieg verbreitete sich das Telefon aus denselben Gründen (beschränkte Kapazität und Kosten) nur schleppend. Ein Großteil der Privatpersonen hatte – wenn überhaupt – nur einen sogenannten Viertelanschluss: Vier Teilnehmer teilten sich eine Leitung. Als ich 1980 mein Beratungsunternehmen gründete, hatte ich auch nur einen Viertelanschluss und meine monatlichen Telefonkosten betrugen - mit dem Index auf heutiges Preisniveau hochgerechnet – in etwa € 700,-. Meine Mutter bekam erst im Jahre 1980 ihr erstes Telefon.

Mit der Erfindung und mit der Verbreitung des Mobiltelefons ist es inzwischen möglich, jederzeit, jeden Menschen, an jedem Ort in der Welt mit relativ geringen Kosten zu erreichen. Das Schicksal meiner Tante, verursacht durch die fehlende Kommunikation, ist heute nicht mehr denkbar. Nicht nur Liebespaare, sondern alle Menschen bleiben heute über das Telefon und über andere

Kommunikationskanäle (Waht's App, Facebook, Linkedin etc.) in fast ständiger Verbindung.

War früher ein persönlicher Kontakt über größere Entfernungen schwierig, wird heute vielleicht zu schnell und zu oft der persönliche Kontakt, das persönliche Gespräch durch andere Kommunikationen ersetzt. Das ist schade, da es bei einem persönlichen Gespräch Vieles gibt (Mimik, Geruch, Gestik …), das am Handy nicht bemerkt wird. Der nonverbale Teil (Der Körper lügt nicht.) der Unterhaltung geht verloren.

Weil die Burschen von Haibach waren ja auch so hinter der Anni her, aber sie wollte keinen. Sie war ja wirklich ein sehr schönes Mädchen. Die sind ja zum Fenster gekommen, aber sie machte nicht auf. Da kann es schon möglich sein, daß die Post einfach verschwand.

Das ist auch für mich vorstellbar, da die Besatzer ja nicht überall beliebt waren und weil sich die österreichischen Burschen von ihnen nicht auch noch die Frauen wegnehmen ließen, nachdem sie schon den Krieg verloren hatten.

Heirat und der erste Sohn: Helmut

Wir hatten eine schöne Verlobungszeit - ganz verliebt. Nur Papa war halt dann immer in Steyr *[Der erste Posten meines Vaters als Gendarm ca. 100 km weit weg]* so viel alleine. Aber wir haben uns ja so viel geschrieben. Wenn er da war und wieder weg fuhr, hab ich gleich am Abend wieder einen Brief geschrieben und er auch von dort. Aber er war recht eifersüchtig. Hab erst später erfahren, daß er immer den Hermann, seinen Bruder, als Aufpasser beauftragt hat.

Ja der Helmut ist beim S. auf die Welt gekommen. Ja es war eine schwere Geburt. Am Abend des 8. Aug. fing es schon an bis nächsten Tag zu Mittag den 9. August war er endlich da. Er war ja so ein rosiges Kind, ich mußte ihn immer anschaun.
Aber der Lois war noch in Steyr, er kam erst am Montag. Er war ja auch ganz verrückt vor Freude, weil er einen so schönen Sohn hatte.

Ach ich hab ja ganz unsere Hochzeit vergessen. Wir heirateten genau ein Jahr nach der Verlobung, den 20. Juli 1947. Zuerst den 19. Juli 1947 Waldkirchen beim Standesamt. Ja das war stark, wir mußten zu Fuß den steilen Berg hinauf gehen. Ja das war

42 Die Hochzeitsanzeige

der 19. Juli und am 9. August kam Helmut schon auf die Welt.

Und den 20. Juli um 05:00 Uhr war dann unsere Trauung in Wesenufer in der Kirche. Wir wollten mit dem Personenschiff nach Linz fahren, das wäre um 07:00 Uhr morgens gekommen.

Personenschiffe waren damals nicht nur Ausflugschiffe wie heute, sondern auch normale Verkehrsmittel.

Beim ...... haben's uns den Tisch schön gedeckt zum Frühstück. Und dann war so viel Nebel, daß das Schiff erst um 10:00 Uhr kam.

Die Schwester von Papa, die Mitzi, hat sich die ganze Zeit schon die Fleischmarkerl zusammen gespart, dass sie uns ein gutes Hochzeitsmahl machen konnte.

43 Schwägerin Mitzi

Die Verbindung meines Vaters zu seiner älteren Schwester war – für damalige Zeiten – außergewöhnlich eng. Davon zeugt auch ein reger Briefkontakt zwischen den beiden während des Krieges.

Wahrscheinlich gibt es wenig Lebensbereiche, die sich in den letzten Jahrzehnten so stark verändert haben wie das Einkaufen. Nach dem Krieg gab es fast gar nichts, weshalb das, was es gab, rationiert werden musste. Jeder versuchte mit allen erlaubten und viele auch mit unerlaubten Mitteln (Diebstahl, Raub, Schwarzmarkt etc.) das zu bekommen, womit er überleben konnte. Zum Thema „Einkaufen" siehe auch die Ausführungen weiter unten.

Abends waren wir dann bei den Eltern von Pappa [Wenn meine Mutter jetzt vom „Pappa" spricht, meint sie nicht ihren Vater, sondern ihren Mann, den Papa ihrer Kinder. Das war früher üblich und dies findet man heute auch noch manchmal.] eingeladen. Es war ja so eine schlechte Zeit nach dem Krieg, das kann man sich ja jetzt nicht vorstellen. Pappa hatte einen Hochzeitsanzug von einer Uniform, aufgetrennt und schwarz gefärbt. Ich hatte ein Kleid von der Frau S. in Blau. Ich war ja schon richtig unförmig und so passte mir ein Kleid von ihr. Abends gingen sogar zum Nachbar Gasthaus (Schasching), wo sogar getanzt wurde. Der Pischlöger, das war der Mann von der Berta, der Schwester von Pappa, hat noch viel getanzt mit mir.

„Die Flucht": Übersiedlung nach Inzell

Ja dann war es nicht leicht, sie ließen mich nicht weg, weil es wollte ja keiner mehr zur Landwirtschaft. Weil wenn man einmal bei der Landwirtschaftskasse war, liesen sie einem nicht mehr weg.

Die damaligen Bedingungen der Landwirtschaftskrankenkasse habe ich nicht näher geprüft. Möglicherweise hat diese der Dienstgeber nicht ganz korrekt ausgelegt oder meine Mutter hat etwas missverstanden.

Helmut ist ja beim S. noch auf die Welt gekommen. Ja sie sagten sie würden ihn so lieben wie die eigenen Kinder. Ja ich hatte so viel Arbeit, daß ich mich ihm wenig witmen konnte, nur in der Nacht.
Wenn ich ihn dann stillte, schlief ich oft ein dabei. Dann mußte ich auch bald zum Stillen aufhörn, weil man zu viel Zeit brauchte dafür. Flascherl geben das geht ja schneller. Aber dann hat er auch nicht zugenommen, er hat immer so erbrochen. Wenn ich im Feld draußen war, waren die Kinder dabei.
Bei der Geburt war er so dick und dann nahm er immer ab.
Papa sagte dann einmal: „Aus, du mußt weg, das ist doch kein Eheleben." Und so zogen wir am Allerheiligentag (1947) zur Mutter nach Inzell.

Anni war auch da und sie war nun mit dem Fritz Messenbüchel verheiratet. Er war Zahlmeister auf einem Dampfschiff, ich glaub auf der Hebe. Die zwei hatten am 15. Juli geheiratet, 5 Tage vor uns an der Anni ihrem Geburtstag. Sie war 20 Jahre.

Da konnte ich mich richtig um den kleinen Helmut kümmern. Die Oma war ja auch ganz glücklich mit ihrem Enkel. Er nahm auch gleich an Gewicht zu. In Wesenufer die schauten nur gerade so, weil er so viel zugenommen hat. Sie sagten vorher immer: „Ja er ist halt ein Markschläger!" Aber das war es nicht, nur hat niemand für ihn Zeit gehabt.

Wir Markschläger hatten – auch in guten Zeiten – nie Gewichtsprobleme – zumindest nicht mit der Obergrenze.

Es war ja sehr schön, aber elektrisches Licht gab es auch noch nicht in Inzell.
Die Mutter – glaub ich – war immer etwas eifersüchtig weil sie ohne Mann war, der Vater vermißt und nicht mehr vom Krieg heim gekommen. Ja wenn wir beisammen waren, Fritzl und Anni, Pappa und ich, das glaub ich, hat ihr immer weh getan.

Ja und wir wollten dann auch alleine einen Haushalt allein haben. Es war ja eine schreckliche Zeit, immer Brotmarkerl, Fleischmarkerl.

Ja Pappa mußte im Gasthaus essen, da brauchte er auch seine Markerl. Und Mutter wollte halt immer wenn er am Wochenende kam, sollte er immer etwas mitnehmen.

Die Rationierung der Lebensmittel und die absolute Lebensmittelknappheit können wir uns heute nicht einmal mehr in Gedanken vorstellen. Die Frage „Was sollen wir heute essen?" wird in den letzten achtzig Jahren immer gestellt. Nur deren Bedeutung hat sich geändert: Aus der Sorge „Gibt es heute überhaupt etwas?" ist die Qual der Wahl geworden.

Wenn ich heute das Gedränge bei den riesigen und vielen Supermärkten betrachte, bekomme ich trotz allem keine Sehnsucht nach diesen Zeiten. Aber vielleicht gibt es einen Mittelweg, auf dem es uns gut geht und wir nicht verhungern.

Der erste wirkliche gemeinsame Haushalt

So schaute halt Pappa, daß wir wenigstens ein Zimmer bekamen. Es war klein, aber wir waren doch sehr glücklich, weil wir ganz für uns waren. Wir zogen nach Aschach. Wir wohnten bei einem sogenannten Baron. Er war ein bißchen ein eigener Mensch. Seine Mutter war eine ganz brave Frau.

Die Höflichkeit meiner Mutter habe ich nicht voll übernommen. Mein Urteil wäre etwas deftiger ausgefallen. Vielleicht konnte ich doch wenige Teile ihrer Art übernehmen. Nur selten verurteile ich Menschen wegen ihrer besonderen Art.

Aber bald meldete sich ein zweites Kind an. Und da hinten im Hof ein Zimmer frei wurde, bekamen wir es dazu:
Im Hof hinten die Küche, die Tür immer zusperren und die Tür hinauf war auch immer zugesperrt, wo das Schlafzimmer war, weil die hatten auch ihre Wohn- und Schlafzimmer oben.

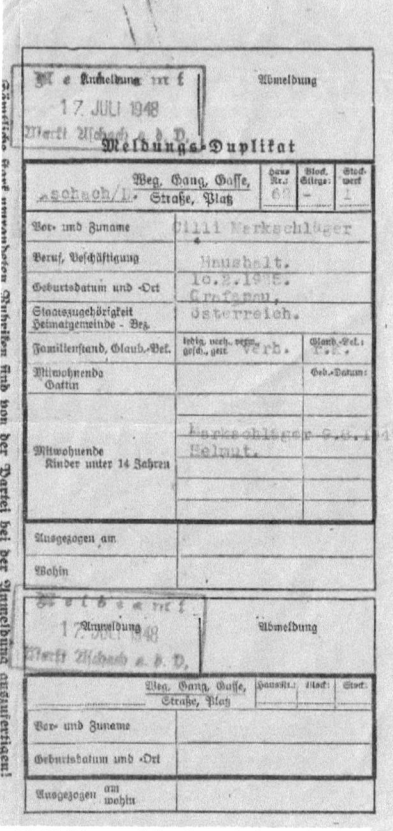

44 Meldezettel der Gemeinde Aschach

Die damaligen Wohnverhältnisse beschreibe ich ausführlicher, weil sie heute sogar für mich, obwohl ich sie persönlich er- und überlebt habe, unvorstellbar sind. Wohl bemerkt: Ich schreibe von den Jahren 1945 bis 1960 und nicht vom Mittelalter.
Die erste Wohnung, an die ich mich noch erinnern kann, bestand aus einer Wohnküche (maximal 9 m²) und aus einem Schlaf-

zimmer (maximal 15 m²), die durch einen mit anderen Mietern des Hauses gemeinsamen Gang getrennt waren. Das Schlafzimmer wurde ausschließlich zum Schlafen (5 Personen) verwendet. Es war nicht geheizt. Um im Winter nicht zu stark zu frieren, holten wir im Herbst Kieselsteine von der Donau (ca. 2-3 kg schwer). Die wurden am Abend im Ofenrohr (Der Ofen wurde ohnehin ganzjährig beheizt.) aufgewärmt, mit einem Laken umwickelt und zu den Füßen ins Bett gelegt.

Das gesamte Leben spielte sich in der Küche ab. Unser Spielplatz war unter dem Tisch oder, wenn wir alleine in der Küche waren, am Diwan. In der Küche lebten manchmal drei Erwachsene (Onkel Hermann war einige Zeit unser Dauergast.), drei Kinder und fallweise ein Hund. Einen Vorteil hatte dieses Gedränge: Obwohl Fenster und Türen undicht waren, war es immer warm. Dafür sorgten die Körperwärme und ein Holzofen, auf und in dem alles gekocht und gebacken wurde.

Im gesamten Gebäude mit insgesamt 12 Mietern – sogenannte Parteien - gab es kein Badezimmer und kein Fließwasser. Das Wasser musste von einem Brunnen aus dem Erdgeschoß geholt werden. Wir wuschen uns in einem Lavoir. Wöchentlich gab es einen Badetag, an dem eine kleine blecherne Badewanne gefüllt wurde. Das Wasser wurde nicht für jeden Badenden erneuert (Es war schon super, wenn du als erster baden durftest.). Mit dem Wasser gingen wir sparsam um. Es gab es zwar ausreichend, aber der Transport (in Eimern vom Erdgeschoß in den ersten Stock) und der Abtransport waren aufwendig. Wenn ich heute Jugendliche höre, die sich beschweren, nicht mindestens zweimal täglich ausgiebig duschen zu können, frage ich mich, wie wir überleben konnten. – Aber wir konnten.

Pro Geschoß gab es ein für mindestens drei Mieter gemeinsames Klo. Es war kein WC. Für das WC (Wasserklosett) fehlte das Wasser. Das Klopapier wurde aus alten Zeitungen hergestellt. Alte

Zeitungen gab es im Papiergeschäft. Dieses musste die nicht verkauften Zeitungen nicht zurücksenden. Es genügte ein Teil der ersten Seite, der eingeschickt wurde, damit der Verlag die nicht verkauften nicht verrechnete. Die „Restzeitungen" waren unser Klopapier. (Bei manchen Zeitungen denke ich mir heute: Für die hätten wir in der Kindheit die richtige Verwendung gehabt.)

Waren die Wohnverhältnisse schon bescheiden, so war die Wohnungseinrichtung noch viel bescheidener. Für die Kleidung benötigte man kaum einen Stauraum, da sie sehr spärlich war. Lebensmittelvorräte konnte man vor allem im Sommer kaum anlegen, da es keine Kühlmöglichkeit gab. Im Winter wurden Lebensmittel zwischen den beiden Fensterflügeln (Es waren so genannte Kastenfenster.) gekühlt und frisch gehalten. Es gab keine Elektrogeräte (Staubsauger, Waschmaschine, Trockner, Kühlschrank, E-Herd ....). In einer Kredenz (Unter- und Oberkasterl) war das gesamte Geschirr verstaut.

Unsere nächste Wohnung war schon etwas geräumiger (ca. 35 m²) und die beiden Räume waren nicht mehr durch einen Gang getrennt.

1961 übersiedelten wir in einen Neubau am Sierner, wo wir bereits Küche, Wohnzimmer, Schlafzimmer, Nebenzimmer (über den Gang erreichbar) hatten. Durch die Freundschaft mit dem Hausbesitzer konnten wir schon beim Hausbau mithelfen. Außer uns sind noch weitere drei Gendarmen in das Haus eingezogen sind, weswegen es in Aschach lange „die Gendarmeriekaserne" genannt wurde.
Um die Mieten erschwinglich zu halten, waren die Wohnungen bescheiden ausgestattet (Nur fließendes Kaltwasser, keine Zentralheizung, mit zwei anderen Mietern ein gemeinsames Bad und WC, kein Vorraum ....). Jeder Raum war getrennt mit Öl oder mit festen Brennstoffen zu beheizen. Nach den bisherigen Wohnverhältnissen waren wir aber schon im „Himmel" gelandet. Erst nach

einigen Jahren wurden die Wohnungen mit einem eigenen Bad und einem eigenen WC zu einer Gesamteinheit. Eine Zentralheizung gab es erst Jahre später.

Meine Mutter war von den Räumlichkeiten begeistert. Das Wohnhaus lag aber mehr als einen Kilometer vom Zentrum von Aschach entfernt. Dadurch wurden ihre bisherigen Kontakte abgeschnitten. Vor allem litt sie darunter, dass die neue Wohnung nicht mehr an der Donau lag. Hat sie doch ihr bisheriges Leben immer wenige Meter neben der Donau gewohnt. Daraus ist wahrscheinlich auch ihre „Sucht" im Alter erklärbar: Sie ist, so oft es irgendwie möglich war, mit dem Fahrrad nach Aschach gefahren. Wie sehr die Donau bindet, habe ich bei meiner Übersiedlung nach Hall in Tirol gemerkt. Der Inn war im Vergleich zur Donau nur ein „Gebirgsbacherl" und nicht wirklich ein Donauersatz.

Aufgrund der Fortschritte der Bauwirtschaft und der steigenden Einkommen verbesserten sich die Wohnverhältnisse in den letzten beiden Jahrzehnten des vorigen Jahrhunderts rasch. Auch die Wohnungsansprüche stiegen. Die Menschen wollten aus den Mehrfamilienwohnhäusern heraus und träumten vom eigenen Haus. Viele konnten sich diesen Traum erfüllen. Dabei stiegen die Ansprüche laufend und konnten aufgrund der höheren Einkommen und der steigenden Bereitschaft zur Verschuldung vielfach befriedigt werden.

Damit haben wir uns viel, der Umwelt aber wenig Gutes getan oder sogar angetan. Den Lebens- und Wohnungsstandard haben wir deutlich verbessert. Haben wir dabei über das Ziel hinausgeschossen? Haben wir vielleicht ein Ziel verfehlt und auf ein falsches geschossen? Was haben wir dafür geopfert? Ich denke an die Verunstaltung der Ortsbilder und Landschaften, an die Bodenversiegelung, an den erhöhten Wasserverbrauch, an die Energievergeudung, an ......
Vielleicht müssen sich die nächsten Generationen darauf

besinnen, was sie brauchen und nicht darauf, was sie wollen. Unsere Generation hat sich das geleistet, was wir wollten. Ob die nächste Generation von den Dummheiten und teilweise von den Verbrechen ihrer Vorgeneration etwas lernen kann?
Einfach zum Nachdenken!

Als dann Lois auf die Welt kam, das war fürchterlich *[Das „fürchterlich" betrifft nicht mich – hoffentlich !! – sondern die Wohnverhältnisse.]*: Ich lieg da oben in dem Zimmer und Helmut war erst 20 Monate und hat immer bei uns im Ehebett geschlafen, war ja kein Platz für ein Gitterbett. Ja da war schon eines, weil wir die Küchenmöbel schon unten aufstellen konnten. Und er wollte halt immer zu mir. Es war zuerst meine Mutter da, als ich im Wochenbett lag. Da mußte man ja eine ganze Woche nicht aufstehen. Bin auch jedes Mal genäht worden.
Ja und dann kam die Schwiegermutter weil meine krank wurde. Sie konnte auch nicht lange dableiben.

Meine zweite Großmutter kam, obwohl sie selbst noch drei kleine (von insgesamt 12) Kinder hatte.
Auf eine Besonderheit meiner Geburt darf ich noch hinweisen. Nachdem in Aschach am Tag meiner Geburt eine zweite Frau auch ein Kind zur Welt brachte, kam zu dieser die Hebamme. Mein Geburtshelfer war ein Arzt. Dieser hatte in der Nacht vor meiner Geburt seinen ersten Sohn verloren. In späteren Auf-zeichnungen erwähnt meine Mutter den Hausarzt:

Er war so ein guter Arzt und Mensch. Er hat mich immer gefragt, wie es mir geht. Bei der Geburt vom Lois war er ganz alleine ohne Hebamme da. Als er ihn aufs Bett legte, sagte er: „Genau wie der Papa!"

Ich sagte halt damals: Sollte ich noch einmal ein Kind bekommen, dann geh ich ins Krankenhaus.

Einige Jahrzehnte später wurde die Geburt zu Hause oft als das

„Geburtsideal" hingestellt. Das war aber erst aufgrund der geänderten Lebens- und Wohnbedingungen sinnvoll geworden.

Eines vergess ich auch nie: Helmut hat im Zimmer geschlafen und ich putzte die Küche abends. Wir mußten einen langen Gang zurückgehen, auch wenn es geschüttet hat.
Na und damals bin ich ja eh immer horchen gegangen. Nach einer Zeit geh ich wieder horchen, hör ich ihn schon herunten schrein. Wie ich hinauf komm und aufsperr steht er im Finstern bei einem Ofen, aber keinem zum Heitzen, es war so ein alter Ofen mit einem Loch hinein, da standen die Stiefeln vom Pappa immer drinnen. Er stand da, hatte einen Stiefel in der Hand und weinte. Ich glaub ich hab mit ihm geweint dann. Ja, meine Mutter sagte immer, wenn sie da war: „Wie kannst du das aushalten?"
– Ja, wenn man jung ist, geht halt alles.
Aber es ist schon traurig, wenn man so klein anfangen muß, alle zwei hatten wir nichts. Aber, ich glaub, wir waren immer sehr glücklich.

Dieser Satz meiner Mutter „Aber ich glaub, wir waren immer sehr glücklich", macht nachdenklich. Wie weit beeinflussen unsere materiellen Verhältnisse unser persönliches Glück? Welche materiellen Ansprüche müssen befriedigt sein, um glücklich zu sein? Nehmen wir heute nicht manchmal einen materiellen Mangel als Ausrede für fehlendes Glück? Wer ist für unser Glück verantwortlich? Wie viele von uns jagen irgendwelchen materiellen Zielen und Wünschen nach, um dann sofort nächste zu suchen, sobald sich die ersten erfüllen?
Meine Mutter hat nach dem Leitspruch, „Glücklich ist nicht der, der viel hat, sondern der, der wenig braucht," gelebt. Ich wünsche vielen Menschen eine solche Lebenseinstellung.

Unser Familienleben war nicht normaler als das vieler anderer Familien. Materielle Ziele hatten wir natürlich auch. Irgendwann wollten wir auch einen Fernseher oder ein Auto usw. Gleichzeitig sahen wir – im Vergleich zu uns – reiche Familien, deren Familienleben aber nicht so gut funktionierte. Dafür waren wir sehr dankbar.

Einmal kam der Inspektor M. *[Hr. M. war der Vorgesetzte meines Vaters.]* und er sah, was wir da mitmachen, immer ins Freie hinaus gehen mit den Kindern. Er sagte: „Jetzt muß ich aber schaun." Und da bekamen wir wenigstens dann eine Wohnung, wo das Schlafzimmer auch unter Dach zu erreichen war, aber auch nicht beinander. Die Küche war halt so klein, daß die Buben auf dem Diwan aufwuchsen.

Ja, da war ja auch noch der Hermann. Er war Briefträger in Aschach, das war der Bruder vom Pappa. Da hat mich meine Schwiegermutter ersucht, ob er bei uns schlafen und essen kann. Konnten wir auch nicht nein sagen. Aber es war schon sehr eng.

Er hat in der Küche geschlafen, bis er dann doch ein Zimmer bekam, aber das dauerte lange. Einmal hat er sein Rad repariert, gleich neben dem Ofen, war ja so klein. Ich wollte gerade die Milch vom Ofen weg nehmen, die kochende, und hab sie mir über die Füße geschüttet.
Na dann hat er endlich eine Frau gefunden. Ein tüchtige, sie haben dann ein schönes Haus gebaut und auch drei Buben bekommen.

Ja das war einmal ein Erlebnis in der der kleinen Küche. Ich hab schon eine Schüssel mit Äpfel gerichtet für einen Strudel und holte schnell von einem Geschäft Milch und Rahm und als ich zurückkam, haben sie *[mein Bruder und ich]* sich gegenseitig mit den Äpfeln beschossen. Ich wußte nicht - soll ich lachen oder weinen; so hat es da ausgeschaut.

Ja mein Bruder und ich waren schon recht aufgeweckte und einfallsreiche Kinder und sorgten dafür, dass unserer Mutter kaum langweilig wurde.

Die Wohnorte meiner Mutter

Vom zweiten Lebensjahr an wohnte Mama bis 1938 in Inzell.
Als sie Wesenufer verließ, war Inzell eine Übergangslösung
(1947 bis 1948)

45 Wesenufer

Von 1938 bis 1947 war ihr Wohnort und ihr Arbeitsplatz
in Wesenufer.

Von 1948 bis zu ihrer Übersiedlung in das Altenheim war ihr
Wohort Aschach: Abelstraße, Ritzbergerstraße, Siernerweg

Einige Bilder von Aschach

46 Aschach, Untermarkt, beim Kraftwerksbau und heute

In unserer Kindheit gingen wir immer am Sonntag Abend „zum Schiff"- dem Personenschiff, das nach Linz fuhr.

47 Aschach mit Überfuhr

48 Agentie, Schiffanlagestelle

49 Blick vom "Obermarkt" zur Kirche

50 Es gab auch ein Schiff "Aschach"

Das Schulergassl: Schüler aus der Umgebung von Aschach kamen durch dieses „Gassl", das für sie am Morgen aufgesperrt wurde.

Die unmittelbaren Nachbarn

Aber auch meine Nachbarin, die alte Frau J., darf ich nicht vergessen. Wir hatten die Küchentüren nebeneinander. Aber das Schlafzimmer hatte sie wiesawie (vis-a-vis) von meiner Küche und wir hatten unser Schlafzimmer von ihrer Küchentür gegenüber. So mußte sie immer bei mir vorbeigehen, wenn sie schlafen ging. Wenn Pappa nicht da war, das war jeden zweiten Tag, wenn er im Dienst war. Dann kam sie immer mit der Kerze in der Hand herein. Und da tratschten wir halt, sie blies die Kerze ein paar Mal aus und zündete sie wieder an. Ja sie war wie eine Mutter. Sie hatte auch alleine drei Kinder groß gezogen. Der Mann hat sich nach Deutschland abgesetzt und sie mit drei Kindern allein gelassen. Sie mußte überall putzen und waschen, damit sie die Kinder groß gezogen hat.

So schwierig es auch heute noch ist, als alleinstehende Frau eine Familie zu erhalten und groß zu ziehen, so gering waren damals die finanziellen Unterstützungen, dass dies nur unter voller Selbstaufopferung möglich war.
So schwer es diese Frau hatte, ich hatte sie trotzdem nie missmutig erlebt.

Dann war noch eine Familie, die Familie F., sie eine Ungarin, er war aber mehr deutsch, glaub ich. Ja es waren viele Parteien, 12 Familien. Aber der Herr F. und Pappa verstanden sich sehr gut. Sie hatten eine größere Wohnung als wir und auch konnte man von der Küche gleich ins Schlafzimmer gehen. Herr F. ist dann schon mit 46 Jahren gestorben. So haben wir dann getauscht mit den Wohnungen.

Die Mischung der Parteien in diesem Haus war sehr bunt. Fast alle gesellschaftlichen Schichten waren vertreten. Das Zusammenleben fand ich eher entspannt. Ich kann mich an keine gravierenden Auseinandersetzungen erinnern.

In unserem Haus waren 15 Kinder und in der unmittelbaren Nachbarschaft nochmals ähnlich viele. Unsere Spielplätze waren rund um das Haus. Die Straße war nicht gefährlich, da es kaum ein Auto gab und die Straße so schlecht war, dass Autos langsam fahren mussten. Und die vorbeikamen, waren so laut, dass wir sie rechtzeitig bemerkten. So hätte ich mir nie vorstellen können, dass jemand von den Eltern mit uns hätte spielen sollen oder gar müssen. Die hätten nur gestört.

Wie sehr sich diese Strukturen verändert haben (größere Wohnungen, weniger Kinder, weniger Freiräume für Kinder ...) bemerkte ich bei unseren Kindern und unseren Enkelkindern. Wir benötigten damals keinen Kindergarten: Unsere Mutter war den ganzen Tag erreichbar und zum Spielen, zum Streiten, zum Raufen ... hatten wir ausreichend Freundinnen und Freunde.

Aber Frau J. kam dann bei meiner Wohnung nicht mehr vorbei. Sie sind dann weggezogen – lebte ja mit ihrer Tochter und Enkelin zusammen. Als sie dann eine andere Wohnung bekam, ist sie schnell gestorben, einfach eingeschlafen.

Die Familie wird komplett

Ach jetzt hätt ich ganz vergessen. Wir bekamen ja noch in der kleinen Wohnung den Nachzügler, den Robert. Herr F. war ja ganz vernarrt in den Robert. Er war ja bei der Geburt seiner Tochter schon in Österreich und die Frau F. ist mit dem Kind erst später nachgekommen. So ist er abends immer gekommen und hat gewartet, bis ich den Robert bade. Ich hab immer gewartet, bis er ging. Denn es war ja so klein und das Badewanderl stand ja beim Ofen ganz neben der Tür und wenn er da hinaus ging, kam ja die kalte Luft herein. Sie, seine Frau hat mir später einmal gesagt – als er schon gestorben ist – daß er immer sagte, wenn er dann heim kam: „Jetzt hat die Frau Markschläger den Robert noch immer nicht gebadet."

Ja Helmut und Lois haben sich ja so gefreut als ich von der Klinik mit dem kleinen Robert nach Hause kam. Sie glaubten er ist schon so groß wie die kleine Malene von meiner Freundin Inge. Aber er war ja so mager, nur die Haut über die Knochen *[Ein typischer Markschläger]*. Der Arzt und die Schwestern schauten so komisch. Ich fragte: „Hat er etwas?" „Nein," sagten sie, „aber den müssen sie füttern." Gott sei Dank, hat er dann immer das meiste getrunken von den Kindern, welche bei mir im Zimmer waren. Ja und als ich dann nach Hause kam mit ihm, da hatte er die Gelbsucht auch noch dazu. Na den beiden blieb der Mund offen, als sie ihn sahen. Nur hatte ich daheim gleich keine Milch mehr zum Stillen. Und da hat es lange gedauert, bis der Dr. M. endlich die richtige Nahrung bekam, welche er vertrug.

Versuche heute einmal, einen praktischen Arzt dazu zu bewegen, dass er nicht nur fast täglich Hausbesuche macht und dass er sich darum kümmert, dass die Kinder die richtige Nahrung bekommen, die sie vertragen und verarbeiten können. Zum Ausgleich dafür verdienten die praktischen Ärzte damals weniger als heute, durften aber eine vielfache Zeit arbeiten.

Inzwischen ist teilweise sogar eine Distanzierung junger Ärzte von ihren Patienten festzustellbar. Dies ist nicht nur meine Vermutung, auch eine bekannte Ärztin behauptet dies.[3]

Da war er noch nicht ganz zwei Jahre, mußten wir ihn ins Krankenhaus bringen, weil ...... er operiert werden mußte.
Ach er war ja so arm. Die hatten ihn mir weggerissen, ohne noch ein Busserl und da legten sie ihn auf einen Tisch. .... Es war zwischen Weihnahten und Silvester. Da sagten sie dann einmal, daß so viele Leute die Kinder über Silvester ins Krankenhaus bringen um feiern zu können. Uns hat doch da kein Silvester interessiert.
Wir hatten auch einen Fehler gemacht, weil wir sagten, wir fahren zur Tante Anni und nicht ins Krankenhaus. Wenn wir später sagten, die Tante Anni kommt, verband er das gleich mit dem Krankenhaus und bekam gleich Fieber.

Die Verhältnisse in den Kinderkrankenhäusern und die Art, wie diese Häuser geführt wurden, haben sich in den letzten Jahrzehnten fast um 180 Grad gedreht. Damals versuchte man die Kinder von ihren Eltern zu isolieren.
Heute wäre manche Krankenschwester froh, wenn übervorsorgliche Eltern eher zu Hause blieben und ihnen nicht ihre Arbeit erschwerten. Die Belastungen für die Schwestern und für das Kind wären möglicherweise niedriger. Aber, wo liegt die optimale Lösung wirklich?

Ja und so wuchsen sie heran die drei Buben. Lois war eigentlich als Säugling der bravste, er schlief gleich die ganze Nacht durch, obwohl er auch nur 2,70 kg hatte und zwischendurch etwas nötig

---

[3] Vgl. Hildegunde Piza-Katzer: Mehr Ärzte, mehr Medizin – mehr Gesundheit? In: Erhard Busek (Hrsg.): Was haben wir falsch gemacht? Eine Generation nimmt Stellung, Krenmayr&Scheriau, Wien 2010, S. 158

hätte, schlief er immer, auch bei Tag. Mußt ich oft nachschaun, ob er noch lebt.

Ja und dann kam die Zeit, wo sie schon in die Schule kamen. Beim Helmut da war ich halt noch so besorgt, daß ich immer am liebsten bis zur Schule mitgegangen wär.

Einige Bilder unserer Familie

Verwandte väterlicher- und mütterlicherseits

Wie sich die Kinder entwickelten

So nun muß ich wieder weiter schreiben, wie sie in der Schule waren. Helmut ging in Eferding in die Hauptschule. Er war halt ein mittelmäßiger Schüler. Lois, dem machte das Lernen Freude, da brauchte ich nie sagen er soll die Aufgabe machen. Robert besuchte dann die Handelsschule in Eferding.

51 Drei Brüder, meist lustig, selten traurig

Lois kam dann nach Solbad Hall *[Heute Hall in Tirol]*, er studierte dort.

Studieren bedeutete damals auch, ein Gymnasium zu besuchen. Die Qualität der damaligen Hauptschule war mit der einer heutigen Mittelschule vergleichbar. Es gab noch 8 Klassen Volksschule.

Als ich 1960 in die Mittelschule kam, gab es in Österreich etwas weniger als 150.000 Mittelschüler. Derzeit sind es circa 450.000.

Inzwischen besuchen fast 250.000 Studenten Universitäten und Fachhochschulen. Auch unter diesem Aspekt war die Bezeichnung „Student" vielleicht gar nicht so abwegig.

Ein Pater hatte ihn hin gebracht, weil er so brav lernte.

Pater Roland, ein Franziskanerpater betreute unsere Jungschargruppe. Durch ihn kam ich nach Hall. 1960 betrug die Reisezeit mit dem Zug zwischen Hall und Aschach etwa 10-12 Stunden. Ich konnte nur zu den großen Ferien (Weihnachten, Ostern, Sommer) nach Hause.

Für uns Kinder vom Land war es schwierig, ein Gymnasium zu besuchen. Gymnasien gab es fast ausschließlich in größeren Städten und in Klöstern, da auch der Bedarf an Maturanten noch gering war. Aufgrund der schlechten Verkehrsverbindungen war der Besuch einer Mittelschule ohne Internat nicht denkbar.
So blieben für die Kinder vom Land nur die Klosterschulen mit angeschlossenem Internat. Der Staat und die Kirche hatten sich das Bildungsmonopol geteilt.

Ab 1970 wurden auch in den Bezirksstädten viele Mittelschulen errichtet, womit die Bildungschancen für „die Kinder vom Land" stiegen. Der Bedarf an höher Gebildeten war durch die fortschreitende Industrialisierung gewachsen.

Aber er hatte schon sehr Heimweh, er durfte ja nur in den Ferien heim fahren. Nach vier Jahren kam er dann nach Linz in das Gymnasium. Wenn er Priester geworden wär, hätt er noch bleiben können.

Ja Helmut kam in die VÖEST als Lehrling. Aber er war nicht glücklich bei diesem Beruf. Als er ausgelernt hat und sich das letzte Mal in der VÖEST gewaschen hat, da sagte er: das war mein schönster Tag.

Er ging dann zur Gendarmerie, da hat's ihm dann schon besser gefallen.

Zuerst war er natürlich auf der Gendarmerieschule in Bad Kreuzen. Da hat er seine Frau Christine kennen gelernt, sie war in Grein in einem Kaffeehaus beschäftigt und heirateten auch bald.

Lois kam nach dem Studium zur Fensterfirma Actual ins Büro. Ja er hat dort gearbeitet bis in die Nacht hinein. Er hat dann auch schon bald geheiratet, die Laura war noch ganz jung. Sie hatten in Traun eine Wohnung. Die Firma Actual war ja in Traun.

Robert kam nach der Handelsschule zur Raiffeisenbank nach Hartkirchen.

Ja da ging Pappa einmal im Dienst vorbei. Robert stand in der Bank drinnen und rauchte eine Zigarette. Es war schon Abend und beim Licht sah er, wie er rauchte *[Damals durfte man noch überall rauchen.]*. Kommt heim und ist ganz aufgeregt: „Weißt, was ich gesehen hab? Der Robert raucht." Ach ich hab es ja schon gewußt, weil er immer im Klo rauchte und er es nicht roch, weil er selber rauchte. Immer sagte er zu Robert: „Du darfst nicht anfangen!". Ich glaub, Papa hat es schon gespürt, wie schädlich das Rauchen ist.

Nach den unsicheren Jahrzehnten ihrer eigenen Kindheit und Jugend wussten es die Eltern zu schätzen, wenn die Kinder eine gute und eine sichere Ausbildung und Anstellung fanden. Dieses Ziel stand auch bei der Berufswahl meines Bruders im Vordergrund, die mein Vater entscheidend beeinflusst, um nicht zu sagen, bestimmt hat. So „musste" mein Bruder Schlosser in der VÖEST (Vereinigte Österreichische Eisen- und Stahlwerke) lernen. Der Beruf des Schlossers galt genauso zukunftssicher wie die VOEST als Arbeitgeber.

Die Arbeitsplatzsicherheit hat sich in den letzten Jahrzehnten unvorstellbar erhöht. Von wenigen Ausnahmen abgesehen ist es seit fast fünfzig Jahren (Eine Prognose für die Zukunft wage ich derzeit nicht abzugeben.) möglich, bei Verlust des Arbeitsplatzes relativ rasch einen gleichwertigen oder einen ähnlichen Arbeitsplatz zu finden.

Diese Arbeitsplatzsicherheit war auch die Basis für eine hohe Arbeitsplatzmobilität, die sich jetzt entwickelte und in den letzten Jahren fast „überentwickelte". Mit den Veränderungen am Arbeitsmarkt haben sich die Rollen von Arbeitnehmern und von Arbeitgebern fast unvorstellbar verändert. Dazu ein Extrembeispiel: Ein Kunde, ein älterer Tischlermeister im Alter meiner Eltern, erzählte mir, dass sich in seiner Lehrzeit alle Lehrlinge im ersten Lehrjahr zu Arbeitsbeginn aufstellen mussten, um sich vom ersten Gesellen ihre Ohrfeigen abzuholen. Das war eine „vorbeugende" Maßnahmen, dass die Lehrlinge „Zucht und Ordnung" lernten. Diese Ohrfeige verhinderte aber nachfolgende nicht, wenn sie Zucht und Ordnung nicht hielten.

Die steigende Anerkennung der Arbeitnehmer in den Betrieben und in der Gesellschaft war durch die fortschreitende Demokratisierung aller gesellschaftlichen Bereiche bedingt. Dadurch und durch die gute wirtschaftliche Gesamtsituation über Jahrzehnte stiegen die Reallöhne und Gehälter kontinuierlich. Um trotzdem die Wettbewerbsfähigkeit – vor allem international – halten zu können, wurden Investitionen in die Mechanisierung und in die Automatisierung gesteckt. Aus arbeitsintensiven Arbeitsplätzen wurden in großem Umfang maschinenintensive. Für die gleiche Arbeit wie früher, braucht man jetzt weniger Mitarbeiter. Die Vollbeschäftigung konnte nur über ein Wirtschafts-wachstum gehalten werden. Der Bedarf für dieses Wachstum war weltweit gegeben.

In diesem Rausch von „größer, schneller, besser, immer mehr..." haben die letzten Generationen auf die Umwelt vergessen. Das Ziel, den erworbenen Lebensstandard zu erhalten und zu steigern, war wichtiger als die Natur. Was es bedeutet zu hungern, haben die letzten Generationen noch erlebt, zumindest aber von ihren Eltern gehört. Von der Zerstörung der Umwelt gab es weder eigene noch Geschichten der Eltern oder der Großeltern. Die Folgen kannten wir nicht, wir wollten sie vielleicht gar nicht wissen.

Unseren derzeitigen Wohlstand haben wir uns nicht nur, aber auch auf Kosten der nächsten Generationen (Rohstoffausbeutung, Umweltschäden etc.) geleistet. Wenn wir das nicht mehr können oder wollen, müssen wir auf Wachstum verzichten. Mehr Menschen müssten mit dem Gleichen wie bisher auskommen. Nicht mehr alle können alles haben. Vielleicht müssen wir unsere Ansprüche zurückschrauben, vielleicht wieder mehr arbeiten, vielleicht weniger konsumieren ..... Mit diesen Ideen lassen sich keine Wahlen gewinnen. Grenzenloses Wachstum passt besser in die Wahlprogramme unserer Zeit.

Mit den höheren Bezügen stiegen auch die Arbeitslosenunterstützungen, wodurch der Verlust des Arbeitsplatzes nicht mehr existenzgefährdend war. Damit verlor die Arbeitslosigkeit die Schrecken der Zwischenkriegszeit: Einerseits ist das Risiko, arbeitslos zu werden und keine neue Arbeit zu finden, geringer und andererseits ist die Arbeitslosenunterstützung im Normalfall so hoch, dass man nicht unter die Armutsgrenze fällt.

In diesem Zusammenhang darf ich auf eine Errungenschaft der österreichischen Sozialpartnerschaft (Arbeitgeber und Arbeitnehmer suchen gemeinsame Lösungen.) und auf deren internationale Einmaligkeit hinweisen, auf die Abfertigung:
Ab 1957 erhielt jeder Angestellte - ab 1979 auch jeder Arbeiter (Zweiklassengesellschaft) – eine Abfertigung, wenn er gekündigt wurde und mindestens drei Jahre in einem Unternehmen gearbeitet hatte. Die Höhe der Abfertigung wurde von der Dauer des Dienstverhältnisses und vom Verdienst des letzten Jahres

bestimmt. Die Abfertigung sollte sicherstellen, dass ein Mitarbeiter, der unverschuldet (Bei Entlassungen gab es keinen Anspruch.) seine Arbeit verlor, bis zum Finden eines neuen Arbeitsplatzes finanziell abgesichert war – eine traumhafte Idee und eine wunderbare Zusammenarbeit von Arbeitgebern und Arbeitnehmern. Auch bei der Pensionierung wurde ein bestehender Abfertigungsanspruch (Bis zu einem Jahresverdienst) ausbezahlt.

Den Beamten stand keine Abfertigung zu, weshalb sie sich benachteiligt fühlten. Aber Beamte konnten nicht gekündigt werden, also gab es auch keine Abfertigung. Sie gehen aber auch in Pension. Auch hier gibt es keine Abfertigung. Gerecht?

Inzwischen wurden die Abfertigungsbestimmungen derart „gelockert", dass aus dem „Notfallschirm" Abfertigung eigentlich eine zusätzliche Sozialleistung entstanden ist. Jetzt wäre meines Erachtens die Forderung der Beamten wieder gerechtfertigt.

Die Verbesserung der Position der Arbeitnehmer in den letzten Jahrzehnten ist an folgenden Sozialleistungen erkennbar: Erhöhung der gesetzlichen Urlaube von drei Wochen auf mindestens fünf Wochen, die Verkürzung der Wochenarbeitszeit von 45 Stunden auf 38,5 Stunden (weitgehend), die Einführung eines Pflegeurlaubes in der Höhe einer Woche …

Durch die erheblichen Verkürzungen der Anwesenheitszeit im Unternehmen stiegen die Kosten einer Mitarbeiterstunde fast sprunghaft an. Die Gesamtkosten eines Mitarbeiters waren gleich oder sogar höher, die Anwesenheitszeit war niedriger.

Damit stieg die Notwendigkeit zur Automatisierung einerseits und eine Kostenexplosionen für Dienstleistungen und Handwerker, die nicht von Maschinen ersetzt werden können, ist die Folge. Dienstleistungen wurden so teuer, dass sie für weite Bevölkerungskreise kaum mehr erschwinglich sind.

Dafür haben wir zumindest zwei Auswege gefunden. Einer davon ist, dass wir auf arbeitsintensive Reparaturen verzichten und neue Artikel kaufen, die zu extrem niedrigen Preisen oft von

Fernost kommen. Produkte importieren wir, Arbeit exportieren wir.

Und der zweite Weg, den unbezahlbaren Dienstleistungspreisen zu entgehen, ist der „Pfusch". Die Pfuscher müssen nur ihren gewünschten Nettoverdienst verrechnen. Alle anderen Kosten und Steuern (Lohn für Urlaube, Krankenstände, Urlaubs- und Weihnachtsgeld, Lohnabgaben für das Finanzamt und Kranken- und Pensionskassen, allgemeine Unternehmenskosten, Mehrwertsteuer usw.), müssen nicht verdient werden. Sie werden ja aber auch nicht bezahlt.

Der Tod meines Vaters

Auf den nächsten Seiten ihres Tagebuches beschäftigt sich meine Mutter mit dem viel zu frühen und zu plötzlichen Tod meines Vaters. Diese Passagen haben einen sehr persönlichen Charakter und werden von ihr äußerst ausführlich behandelt. Ich glaube, dass sie damit einen Teil ihrer Trauerarbeit leistete, die sie bis zu ihrem eigenen Tod nie ganz abgeschlossen hatte.

Unser Vater war an einem Herzinfarkt gestorben. Er sollte sich im AKH in Wien einer Bypass-Operation unterziehen, starb aber leider einige Stunden vor der Operation. Eine derartige Operation war 1976 in Linz technisch nicht möglich. Dieser traurige Anlass zeigt die hohe Bedeutung einer funktionierenden und flächendeckenden medizinische Betreuung. Mit einer solchen hätte mein Vater sicher einige Jahre, vielleicht sogar Jahrzehnte, länger gelebt.

Einige Zeilen, die sich mit dem Ableben meines Vaters befassen, möchte ich hier erwähnen, damit du dich als Leser vielleicht in die Seele meiner Mutter hineindenken kannst:

... Ich hab ihm so zugeredet: „Geh zu einem Doktor, ..." Ich hab mir dann immer Vorwürfe gemacht. Hätt ich doch jemanden ersucht, daß wir einen Arzt gerufen hätten. Aber er war ja so dagegen.

Wahrscheinlich waren es auch diese – für uns alle unberechtigten – Schuldgefühle, die die Trauerarbeit meiner Mutter erschwerten.

... weil er sagte, wenn er ins Krankenhaus muß, will er vorher noch heim, wir sollen auf ihn warten. Aber er kam nicht mehr heim.... Er hat so geweint, er wollt noch heim. Telefon hatten wir auch noch keines damals. *[Das war nicht im Mittelalter. Das war die Zeit deiner Eltern, vielleicht Großeltern.]*

Das frühe Ableben meines Vaters war teilweise auch durch die Einstellung zum eigenen Körper und zur Medizin bedingt. Viele Männer sind mit dem Motto „Ein Indianer kennt keinen Schmerz" aufgewachsen. Ein Arztbesuch und das Eingestehen von körperlichen Schwächen galten als „unmännlich". – Eine Einstellung, die vielen Männern den vorzeitigen Tod bescherte.

Wie sehr sich unser Gesundheitsbewusstsein und die medizinische Betreuung in den letzten Jahrzehnten verändert haben, ist auch aus der Ärztestatistik ablesbar: Gab es 1960 11.232 Ärzte (159 Ärzte für 100.000 Einwohner), waren es 2023 bereits 50.636 (552 pro 100.000 Einwohner). Trotzdem ist es heute schwieriger, kurzfristig einen Arzttermin zu bekommen.

Dies hängt teilweise auch mit der Reduktion von Ordinationszeiten zusammen, deren Notwendigkeit ich fachlich nicht beurteilen kann. Einige Ursachen liegen auch im Familien- und Freizeitverhalten.

Einige Fragen zur Zukunft unseres Gesundheitssystem sollten wir uns aber stellen (wahrscheinlich nicht vollständig):
Gehen wir zu früh, zu unüberlegt, zu ängstlich ... zu Ärzten?

Wie können wir dieses Gesundheitssystem finanzieren?

Sind Änderungen in der Gesamtstruktur erforderlich (Gemeinschaftspraxen, bessere Auslastung der technischen Einrichtungen etc.)?

Sind die Gesundheitsleistungen zu billig für die Patienten?

Ist es gerechtfertigt, ohne Selbstbehalt zum Arzt zu gehen? ....

Offensichtlich haben wir unser Gesundheitsbewusstsein erhöht, das Kostenbewusstsein aber nicht. Wir konsumieren – auch, weil es nichts kostet.

Ein Beispiel dazu: Vor einigen Monaten hatte ich mich verletzt (Muskelfaserriss) und war noch spätabends im Krankenhaus. Für einen Großteil der Patienten, die dort medizinische Betreuung suchten, hätte die Hausapotheke gereicht, ohne dass es zu langfristigen gesundheitlichen Schäden gekommen wäre. Hätten die Patienten die Behandlungskosten selbst bezahlen müssen, wären nur halb so viel medizinisches Personal und nur die halbe Fläche der Ambulanz notwendig gewesen.

Vor einigen Wochen bin ich an Gürtelrose erkrankt. Mein Hausarzt war nicht erreichbar und einen anderen zu finden war nicht einfach. Drei praktischen Ärzte, die ich aufsuchte, nehmen aus Überlastung keine neuen Patienten mehr. An den Sprechstundenzeiten kann dies nicht liegen. Keiner der drei hatte mehr als 21 Sprechstunden wöchentlich. Hätten die Ärzte vor 60 Jahren gleich gearbeitet, hätten viele Patienten keine Sprechstunde mehr gebraucht (gesund oder tot). Ich bin kein Gesundheitsexperte, aber meine Lebenserfahrungen und mein Hausverstand sagen mir, dass in diesem System etwas nicht stimmen kann.

Unsere Aufmerksamkeit in der Jugend und im Alter

Die Geschichten meiner Mutter, die sie gerne erzählt und auch aufgeschrieben hat, reichen in etwa bis zu ihrer Lebensmitte. Danach wurde ihr Buch ein Tagebuch, in dem sie Tagesereignisse dokumentarisch festhielt. Warum sie ihre zweite Lebenshälfte nicht mehr so bedeutend fand, um sie mit allem Rundherum niederzuschreiben, kann ich nur vermuten:

Kindheits- und Jugendereignisse hinterlassen wahrscheinlich einen stärkeren Eindruck als die Vorkommnisse im fortgeschrittenen Alter. Dies bemerke ich auch bei mir. An die Ereignisse meiner Kindheit und Jugend erinnere ich mich stärker. Wenn meine Frau und ich nicht mehr wissen, was, wann, wo und genau vor einigen Jahren passiert ist, gibt es eine Lösung: Da fragen wir die Iris. Iris ist unsere Tochter und hat die Ereignisse ihrer Kindheit noch in viel intensiverer Erinnerung als wir Alten.

Die Eindrücke, die Erlebnisse und die Zeiten in der Kindheit und in den Jugendjahren meiner Mutter waren viel einschneidender, schrecklicher und grausamer als die späteren Erlebnisse. Wahrscheinlich blieben sie auch deswegen intensiver und länger im Gedächtnis haften.

Für die Ereignisse in der Kindheit und in der Jugend sind vielfach andere Menschen verantwortlich. So gibt es weniger „Verpflichtungen", sie zu löschen. Man ist schuldlos und muss kein „schlechtes Gewissen" haben, wenn man sie erzählt.

Vielleicht stumpfen im Alter unsere Achtsamkeit und teilweise unsere Aufmerksamkeit ab. Vieles passiert, aber wir beachten es nicht oder zu wenig.

Die Anzahl der prägenden und markanten Ereignisse wird im Alter kleiner. Was ist alles in der Zeit von der Geburt bis zum 25. Lebensjahr passiert (Wenn du noch nicht so alt bist, solltest kurz einmal jubeln.)? Im Vergleich dazu sind bedeutende Ereignisse danach eher selten.

Mein Schwiegervater und ein Freund von mir trafen im fortgeschrittenen Alter die Aussage: „Ich lebe noch immer gerne. Aber fast alles, was ich erlebe, ist bereits Wiederholung." Ohne Einschnitte im Leben vergeht das Leben schneller.

Die Geschichten „danach"

Als meine Mutter erste Schwierigkeiten mit dem Schreiben bekam, hat ihr mein Bruder Helmut geholfen. Sie hat Geschichten und Ereignisse meinem Bruder erzählt, der sie niedergeschrieben hat. Diese habe ich zusammengefasst und teilweise gekürzt.

Aus einigen Formulierungen ist ersichtlich, dass manche Aussagen von ihr vielleicht bereits ein wenig interpretiert sind, verzerrt oder entstellt sind sie nicht.

Geschichten rund um uns Kinder

Helmut hatte als Kleinkind eine schwere Lungenentzündung. Dabei war Dr. M., unser Hausarzt, sehr tüchtig. Er hat ihm selbst Wickeln gemacht und ist bei ihm lange sitzen geblieben.

Die leider in der Zwischenzeit sich geänderten Verhältnisse der medizinischen Betreuung habe ich weiter vorne bereits erwähnt. Ein Hausarzt war ein Arzt, der ins Haus kam. Heute ist ein Hausarzt ein Arzt, in dessen Haus man geht.

Helmut und Lois haben oft bei der Donau gespielt. Einmal hatte ich ein so komisches Gefühl und bin zur Donau gerannt. Dabei habe ich gerade gesehen, wie der Helmut den Lois aus einer überfluteten „Schottergrube" gerettet hat. Ich habe dies richtig gespürt.

Ich weiß nicht, woher Mütter ihren sechsten oder siebten Sinn für ihre Kinder nehmen. Unsere Mutter hatte ihn. Auch wenn wir etwas anstellten – und gar so selten war das nicht – hat sie (leider) immer auch diesen Sinn an den Tag gelegt.

In meinem Leben war ich insgesamt dreimal dem Ertrinken nahe, jedes Mal in der Donau, offensichtlich mein Schicksalsfluss. Die Kämpfe in der Schottergrube mit dem abrutschenden Schotter vergesse ich nie. Ohne meinen Bruder, der selbst auch noch nicht schwimmen konnte, würde es mich nicht mehr geben. Viel verdanke ich meinem Bruder, auch mein Leben.

Der Helmut hat einmal bei der Küchentür den Schuber zugemacht und wir konnten nicht hinein. Der Papa hat geschrien und geschimpft. Ich habe ihm gesagt, er soll mit dem Schuhabsatz den Schuber zurückklopfen, was ihm dann auch gelungen ist. Ich habe ihn dann vor dem Papa geschützt. Aber er hat von da an längere Zeit gestottert.

Mein Vater hatte viele Stärken. Geduld war nicht dabei (Lieber Gott! Schenke mir etwas Geduld! Aber ein bisschen plötzlich!).

Natürlich war - wie bei anderen Kindern auch - unsere Erziehung durch die familiären Verhältnisse, die unsere Eltern erlebten, geprägt. Mein Vater wuchs mit insgesamt elf Geschwistern in einem dafür viel zu kleinem Haus auf. Um das Zusammenleben erträglich zu halten, waren dafür eine Grunddisziplin und eine Ordnung erforderlich. Es gab Regeln und es gab Sanktionen, um überhaupt miteinander leben zu können. Ohne diese Zeit verherrlichen zu wollen, aber diese Ordnung funktionierte weitgehend.

Das Grundprinzip, dass jede Organisation Regeln und zu deren Einhaltung auch Sanktionen braucht, gilt auch heute noch und sollte auch gelebt werden. Inzwischen haben sich viele Regeln verändert. Leider wurde damit manchmal auch das Grundprinzip der Regeln abgeschafft. Und wir sehen, dass ohne Regeln und ohne Sanktionen viele Gemeinschaften (Familien, Schulen, Vereine, Unternehmen ...) nicht mehr funktionieren.

Als Helmut die Gewohnheit hatte, dass er nach meinem Rufen nicht vom Spiel hinauf kam, habe ich einmal sein Hinterteil geklopft. Danach habe ich nur mehr „Hel...“ zu schreien gebraucht, hat er schon reagiert. Einmal hat er mir aber den Kochlöffel aus der Hand gerissen und abgebrochen.

Über die Art der Sanktionen beim Brechen von Regeln kann man geteilter Meinung sein. Gott sei Dank, haben sich die Erziehungsmethoden und die Sanktionen geändert. Was wäre aber passiert, wenn es keine Sanktionen beim Übertreten von Regeln gegeben hätte? Nach einigen Jahren hätte uns die Gesellschaft mit ihren Sanktionen (Strafen, Verachtung, Freiheitsentzug …) diese Gesetzmäßigkeit gelehrt.

Die gesellschaftlichen Entwicklungen in den letzten Jahrzehnten haben dazu geführt, dass viele autoritäre Sanktionen weggefallen und sogar strafbar sind. Als Beispiele fallen mir hier die Kinderzüchtigung durch das Lehrpersonal, Übergriffe der Polizei auf Verdächtige etc. ein.

So sehr ich diese Errungenschaften begrüße, aber teilweise haben wir mit der Demokratisierung der Gesellschaft das Kind mit dem Bad ausgeschüttet und alle Sanktionen abgeschafft. Hilflos sind heute manche Lehrer gegenüber verzogenen und bösartigen Kindern. Machtlos sind Polizisten, die sich in der Öffentlichkeit sogar verspotten lassen müssen ......

Wir müssen über „menschengerechte" Maßnahmen nachdenken. Denn Regeln sind sinnlos, wenn ihr Brechen nicht wirkungsvoll sanktioniert wird.

Das Grundgesetz jeder Gesellschaft, dass Sanktionen auf einen Regelbruch folgen, muss frühzeitig gelernt werden. Je später ein Mensch dies lernt, umso schmerzvoller werden die dann zu ertragenden Sanktionen.

Die Vergangenheit sollen wir nicht kopieren. Gewisse Prinzipien sollten wir aber kapieren.

Ich war mit Robert mit dem Kinderwagen in Aschach bei der Apothekenkreuzung. Da musste der …. mit seinem Motorrad einem Auto ausweichen und kam auf den Gehsteig direkt auf uns zu und streifte noch den Kinderwagen. Wir hatten sehr großes Glück.

52 Und irgendwann waren auch die Kinder erwachsen

Ereignisse in Aschach

Hochwasser 1954

Das größte Ereignis war das Hochwasser 1954. Ich war gerade beim Miedl einkaufen und konnte alleine nicht mehr heim. Ein Feuerwehrmann hat mich heimgetragen.

53 Hier war Mama einkaufen

Wir sind von der hinteren Veranda auf Bretter über den Hof in den Garten gegangen. Wir konnten nur mehr mit Zillen vom Haus weg.

In Erinnerung bleibt mir auch, wie die Brücke weggerissen wurde. Wir haben dies vom Dachbodenfenster aus beobachtet. Diese wurde von den amerikanischen Besatzungssoldaten wieder gebaut, bevor sie 1955 das Land verlassen haben.

Vor dem Kraftwerksbau war ein Hochwasser in Aschach nichts Seltenes. Fast jährlich war unser „Eiskeller" überschwemmt. Meist war dies im Juni oder Juli, wenn es stark regnete und in den Bergen der letzte Schnee schmolz.

Unser Keller war ein Eiskeller, weil früher in unserem Haus ein Gasthaus war (Das Gasthausschild lag noch auf dem Dachboden.). Damals gab es weder Kühl- noch Gefrierschränke. Daher wurde im Winter das Eis in Blöcken geschnitten und in den Eiskellern der Gasthäuser gelagert. Dort hielt es bis zum Sommer.

Mir ist nicht mehr klar, ob ich den Eiskeller immer so kalt fand, weil noch die Kälte vom Eis zu spüren war oder ob mir kalt war, weil er Eiskeller hieß. Jedenfalls war der Keller immer unheimlich. Dort lebte auch die „Kellerhexe", mit der uns Kindern manchmal gedroht wurde.

An das Hochwasser 1954 kann ich mich noch erinnern. Vor allem die Geschwindigkeit, mit der die Donau anstieg, war beängstigend. Wir Buben haben Steine an den Wasserrand gelegt. Binnen weniger Minuten waren die Steine vom Wasser zugedeckt. Es hat unvorstellbar lange und intensiv geregnet.[4]

In Aschach gab es eine Überfuhr. Da auf der Aschacherseite die Donau sehr seicht war (In Aschach macht die Donau eine Kurve.) war eine Verbindungsbrücke mit einer Länge von etwa 100 m erforderlich, um zur Überfuhr zu gelangen. Eigentlich war es ja keine Brücke, aber für uns Aschacher war sie „die Brücke".

Die Brücke, die vom Hochwasser weggerissen wurde, war massiv gebaut und war erst kurz vor dem Hochwasser fertiggestellt worden. Sie war eines der ersten „Bauwerke", das die Gemeinde nach dem Zweiten Weltkrieg errichtet hat. Der wirtschaftliche Verlust für die Gemeinde war hoch.

Bei uns waren US-amerikanische Besatzungssoldaten stationiert. Deren Verhältnis zur Bevölkerung war, soweit ich das heute beurteilen kann, gut. Da mein Vater Polizist (damals noch Gendarm) war, hatte er zur amerikanischen Besatzung Kontakte. Es entstanden auch Freundschaften. So besuchten uns zwei Soldaten, Stift und Bruce, regelmäßig. Für uns Kinder brachten sie immer Süßigkeiten mit.

54 Bruce mit Jeep

Am linken Donauufer waren russische Soldaten stationiert. Wenn

---

[4] Eine ausführliche Beschreibung des Hochwassers von 1954 und anderer Hochwasser findest du in: Promintzer Werner Josef, Aschach an der Donau, Donauvolk und Schiffleutleben in diesem „berühmten Markt Aschach im Lande Schaunberg", Band II, Verlag Denkmayr, Linz 1989, S. 820 ff.

wir bei Ausflügen „hinüber" fuhren, schwang da schon ein etwas beklemmendes Gefühl mit. Zu viele „Horrorgeschichten" gab es über die russische Besatzung. Dass die Russen mit unseren Einrichtungen und Häusern nicht besonders vorsichtig umgingen, haben wir Kinder nach ihrem Abzug selbst erlebt. In Landshaag, dem Ort gegenüber von Aschach, gab es ein Schloss, das Faustschlößl. Das verwüstete

55 Der Kollege auf der anderen Seite

und geplünderte Gebäude war für uns Kinder nach Abzug der Russen ein richtiger Abenteuerspielplatz. Später wurde es zu einem sehr guten Hotel und Restaurant umgebaut.

Hochwasser sind Naturereignisse und bleiben immer schrecklich, auch wenn sie regelmäßig auftreten. An sie gewöhnt man sich nicht. Hochwasser sind heute gleich schrecklich wie früher auch, sie sind auch weiterhin Naturereignisse. Es gibt aber einen Unterschied zu früher. Wir Menschen haben in den letzten Jahrzehnten die Natur beeinflusst und verändert. Und die Natur macht nichts anders eh und je: Sie reagiert und sie passt sich an.

Meines Erachtens gibt es vor allem zwei Ursachen für die Veränderung der Umwelt: Einerseits belastet das Bevölkerungswachstum der letzten Jahrzehnte die Umwelt enorm. Dazu vielleicht ein Vergleich: Wenn eine Familie ein Wochenende am Waldrand in einem Zelt verbringt, braucht man dafür keine WC-Anlagen errichten. Dies ist aber notwendig, wenn 200 Menschen an einem Zeltlager teilnehmen. Die zweite Ursache für die Umweltbelastung ist, dass wir kein gemeinsames Gewissen entwickeln. Jeder weiß genau, was der andere machen muss, um die Umwelt zu retten. So gelingt es sicher nicht.

56 Aschach unter Wasser

57 Die Brücke, vor dem Eins

58 Bürgerhäuser und Geschäfte

59 Der "Untermarkt"

Kraftwerksbau 1960

Ab 1960 wurde das Kraftwerk gebaut. Da wurde Aschach ganz anders. Es wurde neben der Donau eine Bahn gebaut. Die Menschen wurden auch anders. Auch die Moral hat sich geändert. Wie auf jeder Großbaustelle gab es einige Verbrechen. Einmal wollte sogar einer den Papa umbringen. Papa hat einen Diensthund beantragt und diesen

60 Barackenunterkünfte für Kraftwerkarbeiter

auch bekommen. Die „Billa" hat sich in dieser Zeit vielfach bewährt.Für den Kraftwerkbau kamen nach Aschach, einen Ort mit weniger als 2.000 Einwohner, fast über Nacht ca. 3.000 Arbeiter (Auf Großbaustellen wurden auch damals schon viele Baumaschinen eingesetzt. Der Personaleinsatz war aber dennoch sehr hoch.). Darunter befanden sich auch kriminelle Elemente. Nichts war mehr gleich wie vorher. Während der Woche hielten sich die meisten Arbeiter „im Lager" auf. Zur Unterbringung hatte man ein Barackenlager mit eigener kleiner Kapelle und Unterhaltungsräumlichkeiten am Ortsrand errichtet. Die Arbeiter verbrachten aber vor allem das Wochenende in den Gasthäusern im Ort. An jedem Freitag wurde der Lohn ausbezahlt. Das bedeutete einen verstärkten Polizeieinsatz bei Tumulten, Raufereien und sonstigen Gesetzesvergehen.

Obwohl in Aschach Fremde durch die Schifffahrt nichts Besonderes waren, war es diesem Ausmaß kaum gewachsen.

Auch nach der Fertigstellung des Kraftwerks wurden für den laufenden Betrieb viele Arbeitskräfte benötigt. Damals war die Automatisierung noch nicht so fortgeschritten. Es dauerte einige Jahre, bis die nicht immer sichtbaren Spannungen zwischen den „DoKW-lern" (Beschäftigte der Donaukraftwerke) und den anderen Aschachern sich abschwächten und schließlich verschwanden. Die „Neuen" verdienten nicht nur besser, sondern hatten auch andere Vorteile (Sportunterstützungen, eigenes Hallenbad etc.).

Insgesamt ist Aschach wirtschaftlich gestärkt aus dem Kraftwerksbau ausgestiegen. Dies war insofern bedeutend, da der Wirtschaftsfaktor Schifffahrt immer schwächer wurde: Das Transportaufkommen auf der Donau war sowohl durch die politischen Entwicklungen entlang der Donau (Eiserner Vorhang ab der Slowakei mit einem geringeren Warenaustausch als früher), aber auch durch die Veränderungen in der Transportwirtschaft

(Die Schifffahrt war für viele Produkte zu langsam.) geschrumpft. Außerdem verringerten die technischen Entwicklungen (Ersatz der Schlepper durch neue Schiffskonstruktionen) den Personalbedarf auf den Schiffen. Durch Radaranlagen und durch die Kraftwerke konnten die Schiffe auch in der Nacht fahren und mussten nicht anlegen und übernachten. Die Umsätze in den Donaumärkten mit den Transportschiffen sind heute nur noch unbedeutend.

Ob heute ein Kraftwerksbau in Aschach noch so unproblematisch möglich wäre wie vor 65 Jahren, bezweifle ich. Zu viele Naturschützer und „Berufsprotestierer" würden das heute bekämpfen. Berechtigt? Ich weiß es nicht. Einen sichtbaren Schaden an der Natur sehe ich heute im Stauraum nicht, bin aber vielleicht zu wenig Fachmann dafür.

Bei den Entscheidungen für oder gegen Großprojekte stellen sich grundsätzliche Fragen in einem demokratischen System: Kann und darf eine Minderheit Projekte verhindern? Welche Interessen müssen verletzt werden, um ein Projekt zu verhindern? Was dürfen oder müssen die gewählten Volksvertreter selbst entscheiden? Hat die Mehrheit eine Berechtigung für Entscheidungen, deren Auswirkungen sie nicht wirklich beurteilen kann? Wie stark sind wir den Fachleuten ausgeliefert, vor allem, wenn diese Fachleute von ihren Ideen schon besessen sind? ....

Durch die Kraftwerke kommen der Sand und die Erde, die ein Fluss und seine Zubringer transportieren, nicht mehr bis zum Schwarzen Meer. Der Fluss versandet und verschlammt. Im Stauraum des Kraftwerkes Aschach, wo meine Zille lag, konnte man ca. 30 bis 50 Meter in den Fluss hinaus auf angeschwemmtem Sand gehen. Damit ist auch die Selbstreinigung eines Flusses gefährdet.

Eine Möglichkeit, diesen Schlamm oder Teile davon loszuwerden bieten Hochwasser, wenn der Wasserstand im Stauraum abgesenkt wird, damit der Druck auf die Staumauern nicht zu stark wird. Erfolgt dieses Absenken zu abrupt und zu extrem, wird viel Schlamm in die überschwemmte Landschaft unterhalb des Kraftwerks verlagert. Die Versuchung, etwas rascher abzulassen, um die Schlammentsorgung zu sparen, ist groß.

61 Baubeginn Sammlung Holzer

62 Es nimmt Formen an

64 Nach der Fertigstellung

63 Fischtreppe beim Kraftwerk

Die sozialen Kontakte in Aschach

Freunde und Freizeit

Wir hatten in Aschach sehr viele Freunde. ...... Es gab viele gemeinsame Ausflüge und andere Unternehmungen.
So gingen wir oft ins Kino, das neben dem Gasthaus Griesmayr war. Nach der Vorstellung ging's natürlich gleich ins Gasthaus, wo immer viele Bekannte waren. Aber auch andere Gasthäuser besuchten wir. Ich ging von dort oft heim „nachschauen".

Meine Eltern gehörten zur „Kriegsgeneration" und die Geschehnisse vor dem Krieg (Wirtschaftskrise, autoritäre Regierungen etc.), der Krieg und die schwierigen ersten Nachkriegsjahre haben ihnen vielleicht die wertvollsten Lebensjahrzehnte zwar nicht geraubt, aber doch stark beschnitten. Der Drang zu Unterhaltungen und die Versuche, etwas von den in der Jugend geraubten Erlebnissen nachzuholen, ist verständlich. Teilweise waren die Unterhaltungen auch Ablenkungsmanöver zum Vergessen von Not, Elend, Krieg, verlorenen Menschen ...
Die Möglichkeiten dazu hielten sich in Grenzen: Die Wohnungen waren zu klein, um Freunde einzuladen oder große Feste zu feiern. Außerdem fehlten die finanziellen Mittel dafür. Den Rundfunk gab es erst seit etwa dreißig Jahren und die meisten Radiosender beendeten um 22:00 Uhr ihr Programm. Fernsehen gab es gar nicht.
Bücher und Zeitschriften waren einerseits nicht jedermanns Geschmack, teilweise aber auch teuer. Es gab damals eine Besonderheit: „den „Lesezirkel". Mehrere Illustrierte und Zeitschriften konnte man eine Woche behalten und lesen. Dann wurden sie wieder abgeholt und an den nächsten Kunden geliefert. Je später man in dieser Reihe war, umso niedriger wurde die Gebühr dafür.

Gasthäuser und Kinoveranstaltungen waren daher so beliebt. Außerdem zeigte die Filmindustrie eine „heile Welt" und spielte sich so in die Herzen des Publikums. Kaum jemand wollte „Problemfilme" oder gesellschaftskritische Filme sehen. Davon hatte das Leben schon zu viel beschert.

In Aschach gab es einmal 23 Gasthäuser, Cafes und Bars. Auf nicht einmal achtzig Einwohner (inkl. Kinder und Kleinkinder) entfiel ein Gasthaus. Diese Anzahl war ursprünglich durch die Schifffahrt bedingt. Hielt sich noch in der Nachkriegszeit (Schifffahrt und Einheimische) und konnte durch den Kraftwerksbau bis in die Mitte der 60-er Jahre gehalten werden.

Die gesellschaftlichen Entwicklungen in den letzten Jahrzehnten haben auch die Gastronomie verändert. Zur reinen Unterhaltung gehen vor allem im städtischen Bereich nur noch wenige ins Gasthaus. Hier haben sich teilweise Verschiebungen zu kleinen Ausschanken (Tankstellen, Würstelbuden etc.) verlagert. Ein wesentlicher Teil der Unterhaltung wird vom Fernsehen abgedeckt. Die Art der Filme hat sich aber entscheidend verändert. Ich bin mir nicht sicher, ob die fehlende Not und die „zu guten" derzeitigen Lebensumstände zu mehr Gewalt und zu mehr Verbrechen in unserer Film- und Unterhaltungsindustrie geführt haben.

Unser Leben mit Tieren und in Vereinen

Mein Vater hatte mehrere Leidenschaften. Auch das Vereinswesen gehörte dazu. So gründete er zwei Vereine, den Brieftaubenverein und einen Hundeverein. In beiden Vereinen war er als Gründer und als Mitglied sehr aktiv. Diese Vereine bestimmten weitgehend unsere Freizeitaktivitäten.

Die Beweggründe für die „Vereinsmeierei" meines Vaters sind für *mich bis heute nicht ganz klar. Es war wohl eine Kombination aus der Suche nach freundschaftlichen Kontakten, aus Tierliebe, aus Freude an Wettbewerben, die es sowohl bei den Brieftauben als auch im Hundewesen gibt, und aus einem Geltungsstreben. Die Führungs- und Organisationsqualitäten, die er dabei entwickelte, waren bewundernswert.*

Erwähnen möchte ich noch, dass unser erster Hund die Lidi war, den wir schon in der Abelstraße hatten. Nachher kamen noch Hasen, Hendln, Wellensittiche, Tauben und andere Hunde als Haustiere. ...

... Papa kam durch einen Bekannten zu den Brieftauben und gründete dann den „Schaumburgboten". Wir haben dadurch einen neuen Freundeskreis bekommen. ......

Die Begeisterung von uns Kindern für die Brieftauben hielt sich trotz der Faszination für ihre unglaublichen Fähigkeiten in Grenzen. Die Tauben bedeuteten für uns auch, Nebenarbeiten im Verein zu erledigen, Taubenschlag reinigen, Tauben füttern... Spannend verliefen die sportlichen Bewerbe: Die Tauben wurden einige 100 km-weit verschickt (Der weiteste Flug war Ostende.) und dort freigelassen. Sie flogen nach Hause und wir mussten „taubenpassen". Dies bedeutete oft ein stundenlanges Warten bis zum Eintreffen der ersten

65 Brieftauben vor dem Start

Taube. Dabei durften wir keinen Lärm entwickeln, damit die ankommende Taube rasch in den Taubenschlag ging. Dies ist eine aufregende Tätigkeit, die uns Kinder manchmal wirklich aufgeregt hat.

Weil der Papa Diensthundeführer war *[Mein Vater hat wesentlich am Aufbau des Diensthundewesens bei der damaligen*

Gendarmerie in Oberösterreich mitgewirkt.], hat er sich sehr für Schäferhunde interessiert. Er hat mit der Polizei und mit der Hundestaffel des VÖEST-Werkschutzes Turniere veranstaltet, wodurch auch persönliche Freundschaften entstanden.

Anfang der 60-er Jahre des letzten Jahrhunderts gab es bei der oberösterreichischen Gendarmerie nur zwei Hundeführer. Mit einem Kollegen setzte sich mein Vater sehr intensiv für den Aufbau einer Hundestaffel ein. Er selbst konnte mit seinen Diensthunden tolle Erfolge, sogar Lebensrettungen, erzielen.

Er hat dann schließlich in Pfaffing (Einer Nachbarortschaft) den Hundeverein gegründet. Wir haben dann dort sehr viel Zeit verbracht und viele Freunde bekommen …. Auch nach dem Tod von Papa bin ich dem Hundeverein treu geblieben und wurde sogar Ehrenpräsidentin. Ich gehe jetzt an Samstagen noch auf den Platz und helfe im Buffet. ……….

….. Wir haben auch Schäferhunde gezüchtet. Das war für mich eine Herzensangelegenheit, weil die Jungen so lieb waren. Es war aber immer schrecklich, wenn wir sie weggeben mussten. Als Papa in Innsbruck bei der Bewachung der Europabrücke war, hat unser Hund Britta dreizehn Junge bekommen. Wir durften aber nur fünf behalten.

Wie wenige Diensthunde es damals in Österreich gab, ist auch daran erkennbar, dass mein Vater als Oberösterreicher zur Bewachung der Europabrücke eingesetzt wurde (fast 400 km von zu Hause weg). Die Ursachen für diesen Bewachungsdienst waren die damals in Südtirol aktiven „Bumser". Dabei handelte es sich um Südtiroler, die mit Sprengstoffanschlägen auf öffentliche Objekte auf das der Südtiroler Minderheit angetane Unrecht aufmerksam machen wollten. Ein Anschlag auf die neu errichtete Europabrücke wäre sicher publikumswirksam gewesen. Was die „Bumser" nicht schafften, gelang der österreichischen Regierung mit diplomatischen Gesprächen einige Jahre später.

In den einhundert Jahren, die ich in diesem Buch betrachte, haben sich unsere Einstellungen zur Tierwelt teilweise recht erheblich verändert. Dies möchte ich am Beispiel des Hundes zeigen: Früher hatten Hunde als Gebrauchshunde verschiedene Aufgaben zu erfüllen. Sie waren Wachhunde, Jagdhunde, Schäferhunde, Polizeihunde, Suchhunde, Blindenhunde, Transporthunde (Mussten kleine Karren und Wagen ziehen.) usw. Ein Hund war nicht nur ein angenehmer Begleiter, er sollte auch einen Nutzen bringen.

In den letzten Jahrzehnten wird der Hund vielfach auch als Ersatz für einen gesellschaftlichen Umgang gesehen. Diese Entwicklung gipfelt darin, dass der Hund zu stark vermenschlicht wird. So wichtig ein Hund im Leben eines Menschen sein kann, er bleibt ein Leben lang ein Hund.

Auch die Hundeabrichtung hat sich in den letzten Jahrzehnten verändert. Ursprünglich war man davon überzeugt, dass man Hunde vor allem mit Strenge abzurichten hatte. Diese Methode war vor allem den Menschen angenehm, die in ihrem Alltag nur wenige Möglichkeiten oder Chancen zur Macht- und Gewaltausübung hatten.

Vor etwa dreißig Jahren entdeckte man, dass ein Hund auch über Belohnungen (Futter, Spiel, Ball etc.) zum Gehorsam erzogen werden konnte. Kurz davor hatte die Wirtschaft Prämien, Provisionen und Erfolgsbeteiligungen als Motivationsfaktoren entdeckt. Dies hat die Hundeabrichtung auch entdeckt.

Die neueste Philosophie in der Hundeabrichtung nutzt die Eigenschaft des Rudelverhaltens eines Hundes. Der Hundeführer soll die Stärken eines Rudelführers zeigen. Dann wird das Rudeltier dem Rudelführer folgen.

Geschichten zur Mama

Zillenfahren, ohne schwimmen zu können

Zum Ziillenfahren in Inzell möchte ich noch erwähnen, dass wir alle nicht schwimmen konnten. Wir sind auf die Schiffe zugefahren, dass man die Wellen austesten konnte. Dabei haben die Schiffsleute sogar öfter geschimpft. Ich habe erst 1982 in Italien mit 57 Jahren das Schwimmen gelernt.

Neben der oben erwähnten Zeitnot in Erntezeiten spielte wahrscheinlich auch die Angst, die die Eltern vor der Donau verbreiteten, um die Kinder von der Donau abzuhalten eine nicht unbedeutende Rolle.

Arbeiten, um zu überleben

Das Einkommen meines Vaters reichte gerade zum Überleben. Wir mussten keine Not leiden, Luxus kannten wir aber auch nicht.

Bei dem Thema „Gleichberechtigung der Frau" im Hinblick auf eine Berufsausübung gab es andere Perspektiven als heute: Es war nicht möglich, dass eine Frau mit drei Kindern einem Beruf nachging. Die Haushaltsführung war zeitaufwendig: Kein Staubsauger, kein fließendes Wasser, kein Kühlschrank, keine Mikrowelle, keine industriell vorbereiteten Essen, keine Waschmaschine, keinen Geschirrspüler, keinen Wäschetrockner, keinen Bügelautomaten ... und - keinen Mann, der im Haushalt mitarbeitete. Zusätzlich musste aus finanziellen Gründen noch gestrickt, gestopft und genäht werden.
Trotzdem versuchte meine Mutter mit zusätzlichen Arbeiten Geld zu verdienen.

Zuerst habe ich bei einem Bauern geholfen, die die Felder im

„Kobel" und im „Himmelreich" hatte. ... Nach der Arbeit gab es oft Leberkäse und Erdäpfelpüree. Ich hab auch beim Dreschen – sie hatten eine kleine Dreschmaschine – geholfen. Die Kinder sind immer mitgefahren und haben auch mitgeholfen.

Ich habe während der Kraftwerkszeit auch mit einer Nachbarin beim Aufladen auf die Lastkraftwagen geholfen. Das war eine sehr starke Arbeit. Wenn der Lastwagenfahrer gehupt hat (*Er ist nicht stehen geblieben und hat gerufen, sondern hat nur im Vorbeifahren gehupt.*), mussten wir zur Schotterbank gehen.

Es ist heute für mich unvorstellbar, dass zwei Frauen händisch, nur mit einfachen Schaufeln ausgestattet, einen Lastkraftwagen mit unsortiertem Donauschotter beladen haben. Der Donauschotter enthält fast alle Steingrößen und ist sehr unhandlich beim Schaufeln. Die LKW's waren damals zwar niedriger als heute, aber die Höhe, in die geschaufelt werden musste, war trotzdem beträchtlich. Wenn ich mich richtig erinnere, bekam meine Mutter damals öS 3,50, das sind etwa 50 Cent, für eine Stunde oder für das Beladen des LKW – das kann ich nicht mehr exakt sagen.

Später habe ich dann bei einem anderen Bauern gearbeitet. Ich bekam dadurch Schmerzen im Nackenbereich.
Daheim habe ich sehr viel Handarbeiten gemacht. Ich habe den Buben immer die Westen und andere Sachen gestrickt, dass sie immer wie Zwillinge aussahen.

Wir hatten einen großen Vorteil: Auch andere Familien lebten in ähnlichen Verhältnissen wie wir. Wir mussten einander nicht beneiden. Weder bei der Bekleidung noch in sonstigen Fragen gab es erhebliche Unterschiede. Der Großteil unserer Kleidung war „Made by Mama". Ich persönlich hatte dabei das „Pech" des Zweitgeborenen: Was meinem Bruder zu klein wurde, konnte ich „fertigtragen". Dafür hatte ich andere Vorteile als Zweitgeborener.

Der Brauch, dass Kinderkleidung an Nächste weitergegeben wird, hat sich erhalten. Auch heute gibt es einen – teilweise sehr regen – Austausch von Kinderkleidung. Der Unterschied zu damals: Die „Zweit- und Drittkleidung" heute ist im Vergleich zu den neuen Kleidern unserer Kindheit zumindest gleich- wenn nicht sogar höherwertig.

Später wurden wir zweimal jährlich „eingekleidet". Dazu fuhren wir nach Linz zum Texhages, einem Bekleidungsgeschäft. Das Familienbudget war so knapp, dass wir auf Raten einkauften. Bis zum nächsten Einkauf wurden die Raten wieder abbezahlt.

An den geringen Umfang unserer Einkäufe wurde ich vor einigen Jahren in einem Outlet-Center erinnert, als ein junges Mädchen 28 Pullover und Blusen mit einem Einkauf erstand. Ein solcher Einkauf hätte für uns drei Buben für fast fünf Jahre gereicht. Heute zu viel oder damals zu wenig? Vielleicht gibt es eine goldene Mitte?

Da mein Vater schon mit 52 Jahren gestorben ist, war die Witwenpension meiner Mutter äußerst gering. Nie hat sie darüber gejammert. Wie sie das geschafft hat, dass sie sich das alles leisten konnte, was sie wollte, ist mir nie ganz klar geworden. Sie war eine sehr bescheidene Frau, die auch ihr Glück nicht an ihre finanziellen Verhältnisse heftete.

Reisen und Urlaube

Meine Eltern machten nur zweimal in ihrem Leben einen gemeinsamen Urlaub: Das erste Mal fuhren sie mit dem Fahrrad zwei Tage nach Bad Ischl. Meinen Bruder und mich hatten sie zu unserer Tante gebracht. Kurz vor dem Ableben meines Vaters waren sie drei Tage in ein Wochenendhaus in Tirol von einem Freund eingeladen worden.

Ich bin nach dem Tod vom Papa zum Pensionistenverband gegangen. Damals war Herr E. der Obmann, der sehr nett war und uns glückliche Stunden bereitete. Die Ausflüge in ganz Österreich mit ihm waren ein Erlebnis. Sehr viel hat damals auch der Pfarrer zur Unterhaltung beigetragen ......
Bis 2006 war ich mit viel Leidenschaft Gebietsvertreterin ....

Diese Aufgaben erfüllte meine Mutter gerne, da sie damit auch weitere soziale Kontakte hatte, ohne sich an bestimmte Personen binden zu müssen. Mir war manchmal nicht ganz klar, was ihr wichtiger war: die sozialen Kontakte oder ihre Freiheit und Unabhängigkeit.

Nach dem Tod von Papa habe ich mit Helmut, Christl und den Kindern viele Ausflüge gemacht. Wir sind mehrmals in den Urlaub nach Kärnten und Italien, wo ich 1983 (mit 58 Jahren) auch noch das Schwimmen lernte. Mit Lois und seiner Familie bin ich auch einige Male nach Jugoslawien (heutiges Kroatien) gefahren.

Die Geborgenheit in der Hausgemeinschaft

Das Leben am Sierner (*Dort lebte sie fast 50 Jahre.*) war auch nach dem Tod von Papa für mich sehr schön. Ich wurde von den „Jungen" gut angenommen. Wir sind gemeinsam hinter dem Haus gesessen und haben viel gelacht. Den meisten Kontakt habe ich mit der Nachbarin M., die sich sehr um mich kümmert und daher für mich ein sehr wertvoller Mensch ist. Sehr gute Kontakte habe ich mit der H., auch wenn sie schon ausgezogen ist. Vor allem unsere Kartenspiele sind ein Genuss.

Die Hausgemeinschaft unter acht Mietern hat vor allem unter den Ursprungsbewohnern sehr gut funktioniert. Dadurch war es möglich, dass meine Mutter relativ lange in ihrer Wohnung ohne ständige Betreuung bleiben konnten. Allen, die daran beteilig waren, nochmals herzlichen Dank dafür. Eine derartige Gemeinschaft könnte auch ein Grundmodell für alternative Altenbetreuungen sein: Die Alten allein lassen, aber nicht vergessen.

In der Zwischenzeit haben sich die Wohnverhältnisse in den Mehrfamilienhäusern stark verändert. Während der Wochentage sind nur wenige Bewohner im Haus. Die Kontakte sind damit selten geworden. Man wohnt eher nebeneinander, nicht mehr miteinander. Wo finden die Alten ihre sozialen Kontakte?

Die Art des Einkaufens

In der Abelstraße und auch noch später ging ich immer zum Sonnleitner einkaufen. Es war dort mit einer alten Frau sehr lustig. Es gab auch eine Molkerei, wo ich oder die Buben die Milch holten. Einmal hat der Lois dem Hermann (unserem Onkel) die „Milchpitschn" (=Milchkanne) nachgeworfen, weil er ihn sekkiert hat. Später ging ich meist zum Miedl einkaufen.

66 Geschäft in der Abelstraße

Der Einkauf des täglichen Bedarfs hat sich in den letzten Jahrzehnten unglaublich verändert. Vor und nach dem Krieg war die Nachfrage durch das Einkommen bestimmt, das in vielen Familien kaum für Wohnen und Essen gereicht hat. Umfangreiche Angebote wären daher sinnlos gewesen.

Schon relativ rasch nach dem Krieg hat sich die Situation verbessert. Zumindest der Bedarf für das tägliche Leben konnte gedeckt *werden. Lange bestand aber ein Verkäufermarkt, da die Kunden kaum Wahlmöglichkeiten hatten. Vor allem am Land war ein Einkauf nur zu Fuß, manchmal vielleicht mit dem Fahrrad, möglich. Produktbesonderheiten wurden nicht überlegt, da man froh war, sich das „Gewöhnliche" leisten zu können.*

Die Geschäfte waren in der Nähe, da sie sonst nicht erreichbar gewesen wären. Großeinkäufe gab es nicht, weil dafür die Stauräume in den Wohnungen zu klein waren und weil es keine Kühlmöglichkeiten gab.

Es gab keine Produktvielfalt. Jeden Artikel gab es nur in einer Ausführung. Um es betriebswirtschaftlich auszudrücken: Das Sortiment war weder breit noch tief. Lebensmittel bekam man in Gemischtwarengeschäften. Es gab kaum fertig verpackte Waren. Fast alles war offen gelagert, wurde gewogen und abgefüllt, weshalb der Kunde bedient wurde. Die Waren wurden in Papier verpackt, welches später zum Heizen verwendet wurde. Es gab kein Plastik. Gekühlte oder tiefgefrorene Waren gab es nicht.
Für ein Gemischtwarengeschäft reichten 30 bis maximal 50 m², um alle Waren, die wir zum Leben brauchten, zu führen. Aber das Sortiment konnte uns versorgen.

Aus Gründen der Kühlung wurden die Milch und die Fleischprodukte nicht in den Gemischtwarenläden, sondern in Molkereien bzw. in Fleischereien verkauft. Brot und Gebäck gab es in den Bäckereien. Damit waren für Brot und Fleisch auch keine zusätzlichen Spannen erforderlich.

Diese Art der Versorgung hatte einige Vorteile: Es mussten kaum Lebensmittel entsorgt werden, weil das geringe Sortiment gebraucht und gekauft wurde. Es gab weniger Abfälle. In Aschach reichte ein Traktoranhänger wöchentlich, um den Abfall des gesamten Ortes zu entsorgen. Und der Großteil des Abfalls war verrottbar.

Der Strom für die Beleuchtung war fast der einzige Energieaufwand für das gesamte Geschäft. Hinter dem Laden waren die Wohnräume der Geschäftsleute, sodass die Arbeit im Geschäft und in der Wohnung kombiniert werden konnten.

67 Die Müllabfuhr in Aschach in den 60-er Jahren. Früher wurde der Hänger nicht einmal voll

In den Geschäften wurden Informationen ausgetauscht und man unterhielt sich sehr gut. Geschäfte waren auch Kommunikationszentren.

Nicht alles war so rosig, wie ich es hier vielleicht etwas glorifiziere. Aber über Vieles sollten wir nachdenken, wenn wir unsere Welt wirklich schätzen und sie erhalten wollen.

Die wirtschaftliche Struktur von Aschach war geprägt durch die Schifffahrt. Viele Schiffe mussten hier übernachten und kauften für eine große Mannschaft ein. Davon konnten viele Geschäfte gut leben.

An folgende Geschäfte meiner Kindheit erinnere ich mich: 6 Gemischtwarenhändler, 2 Bekleidungsgeschäfte, 4 Bäckereien, 3 Fleischereien, 3 Schuster, 4 Schneider, 5 Tischler, 2 Uhren- und Schmuckgeschäfte, mehr als 20 Gasthäuser ….

Und das alles für einen Ort mit weniger als 2.000 Einwohner.

Mit dem steigenden Einkommen wurden die Käufer wählerischer. Damit veränderte sich auch das Angebot. Die Konsumenten waren außerdem durch eine stärkere Verbreitung des Autos flexibler geworden und mussten nicht mehr „um's Eck" einkaufen. Und jetzt mussten die Anbieter um den Kunden kämpfen: Aus dem Verkäufer- war ein Käufermarkt geworden. Die ersten Supermärkte entstanden. In der Betriebswirtschaft wurde in den letzten Jahrzehnten des 20. Jahrhunderts das Marketing die wichtigste Disziplin. Verkaufen war die Herausforderung geworden.

In den letzten Jahren hat der Versandhandel über Internet stark an Bedeutung gewonnen. Inzwischen stehen auch in ehemals begehrten Einkaufsstraßen Geschäftslokale leer.

War es lange Zeit im 20. Jahrhundert nicht möglich, das zu kaufen, was wir gebraucht haben, so kaufen wir heute Vieles, was wir nicht brauchen. Die Ursachen dafür sind vielfältig: Überfluss, keine Kaufhemmungen, Anerkennung über Besitz, Gier, Überheblichkeit, Dummheit .....

Nicht alle Entwicklungen der letzten Jahrzehnte sind sinnvoll und wirtschaftlich (Sortimentstiefe und -breite zu groß, Verkaufsflächen verschwenderisch etc.) Auch die Struktur des Angebots hat sich verändert. Vieles bekommen wir bereits, ohne das Haus verlassen zu müssen. Andererseits bekommen die Menschen in vielen ländlichen Gegenden nichts mehr, auch wenn sie ihre Häuser verlassen.

Wo liegen Wahrheit und Zukunft?

Der Rest des Buches von Mama

Die Tagesereignisse, die die weiteren Seiten des Buches meiner Mutter füllen, geben kaum mehr Aufschluss über das Leben in dieser Zeit oder über das Leben meiner Mutter. Ich bringe daher nur noch wenige Stellen aus diesem Buch. Damit du einen Überblick über das gesamte Leben meiner Mutter erhältst, hebe ich noch einige markante Stellen heraus und beschreibe am Ende ihre weiteren Lebensabschnitte.

Die Sicherheit und das Glück der Kinder

Geprägt durch die Not und durch die katastrophale wirtschaftliche Unsicherheit in ihrer Kindheit und Jugend war es ihr wichtig, dass ihre Kinder und ihre Enkelkinder finanziell gut abgesichert waren. Dies ist aus folgenden Aufzeichnungen ablesbar:

Ja was da alles war, das muß ich auch noch aufschreiben. Lois ein Haus gekauft, das heißt Lois und Laura, Robert und Gabi ein Haus gebaut. Helmut und Christine haben eine wunderschöne Wohnung.

... Der Gerald (der erste männliche Enkel) hat auch schon eine eigene Wohnung, eine Eigentumswohnung ...

... Ja und die Iris (die zweite Enkelin) hat auch schon eine Eigentumswohnung, in Urfahr in Linz ...

... Robert und Gabi haben ja ein ganz großes Bad im Garten *[Ein eigenes Schwimmbad galt in den 1970-er Jahren noch fast als Luxus und war ein Zeichen eines persönlichen Erfolges.].* Auch eine Sauna haben sie. Lois und Laura haben auch ein Bad im Garten, aber das ist wieder ganz anders ..

Mama war auf das, was wir Kinder und Enkelkinder geschaffen haben, stolz. Gerne hat sie dies auch weitererzählt. Vor allem gaben ihr unsere materiellen Erfolge die Gewissheit, dass wir gut abgesichert sind.

Mit den steigenden Einkommen haben sich die wirtschaftlichen Verhältnisse und damit auch die Vorstellungen von „normal" und „Luxus" in den letzten einhundert Jahren gewandelt. Das Einkommen meiner Großeltern reichte dafür, nicht zu verhungern und zu erfrieren. Die nächste Generation konnte bereits „vernünftig" wohnen, sich ernähren und ordentlich kleiden. Bei der Generation danach konnte man von den Überschüssen bereits ein Auto kaufen, vielleicht sogar in den Urlaub fahren. Heute gehört man zu „gehobenen Durchschnitt", was immer das sein mag, wenn man ein großzügiges Haus mit Pool etc. bewohnt.

Mit der laufenden Erhöhung unseres Lebensstandards ergeben sich aber vor allem für die älteren Generationen Verständnisprobleme mit den Gewohnheiten der „Jungen". So wird ein „kleiner" Luxus der Jungen zur Verschwendung für die Alten. Gelegentlich sind meine Frau und ich zum Speisen in gehobene Restaurants gegangen. Wir konnten und wollten uns das leisten. Obwohl für uns die Rechnungen überschaubar waren, habe ich es nie gewagt, den Rechnungsbetrag meiner Mutter zu sagen. Sie hätte mich nie gerügt. Sie wäre aber traurig darüber gewesen, einen derart verschwenderischen Sohn erzogen zu haben.

Die Einstellung unserer Mutter zu uns kommt aus einer späteren Tagebuchaufzeichnung recht deutlich hervor. Meine Mutter hatte einen großen Teil des Bausparvertrages, den sie ausbezahlt bekam, an uns Söhne, an die Enkel und an die Urenkel verschenkt. Dazu schreibt sie:

Ich hab mich beim verteilen für die Kinder mehr gefreut, als ichs bekommen hab. Wenn man so sieht wie Augen strahlen, das geht so zu Herzen.

Ein harmonisches Familienleben

Ein harmonisches Familienleben war für sie sehr wichtig. Vorbild dabei war vor allem ihr Vater, den wir Kinder leider nicht gekannt haben, weil er aus dem Krieg nicht nach Hause gekommen ist.
Ein harmonisches Familienleben war im letzten Jahrhundert nicht selbstverständlich. Familienstreitereien, Handgreiflichkeiten in der Familie, Ausschluss aus der Familie bis zum Mord und Totschlag in der Familie gab es Gott sei Dank nicht in jeder Familie. Sie waren aber auch keine Seltenheit.

Zum Harmoniebedürfnis meiner Mutter einige Stellen:
Ich hatte mit meinen Schwiegereltern Alois und Maria Markschläger ein sehr gutes Verhältnis. Wir besuchten sie in dem lieben Häuserl in Wesenufer relativ oft. Die Mutter war eine besonders liebe Frau …

Auch an dieser Formulierung sieht man das Harmoniebedürfnis meiner Mutter deutlich. So beschreibt sie nicht die manchmal schwierigen Eigenheiten meines Großvaters, sondern die Güte meiner Großmutter.

Aufgrund ihres Harmoniebedürfnisses war es meiner Mutter besonders wichtig, die Liebe ihrer Kinder, vor allem aber auch ihrer Enkelkinder, zu gewinnen und zu sichern. Das wäre ihr auch ohne ihre „Geheimwaffen" gelungen. Diese Geheimwaffen waren die Nudelsuppe, Buchteln, gebackene Mäuse, Backhühner ….
Übernachten bei der Oma war für unsere Kinder immer ein Erlebnis, das alle voll genossen haben.

Die Schwiegertöchter

Wie sehr meine Mutter ihre Schwiegertöchter geschätzt hat, ist aus folgender Passage ersichtlich:

... Er (der Enkel Gerald) soll halt einmal eine richtige erwischen., es ist nicht so leicht. So viel Glück wie meine Buben haben nicht alle. Sie sind alle drei *[Gemeint sind nicht wir Brüder, sondern unsere Frauen.]* brav und tüchtig.

... Ja ich hab schon brave Kinder, auch die Schwiegertöchter sind so brav. Da muß man eh von Glück reden; zu der heutigen Zeit, gibt's überall Scheidungen.

Ich bin nicht sicher, warum unsere drei Frauen so rasch die Zustimmung unserer Eltern fanden. Möglicherweise schätzten unsere Eltern unsere Freiheit so sehr, dass sie unsere Wahl akzeptierten. Jedenfalls kann ich mich nicht erinnern, dass eine unserer drei Frauen jemals von unseren Eltern abgelehnt oder scharf kritisiert worden wäre. Dafür noch heute ein demütiges Dankeschön.

Meine Mutter war darüber, dass die Ehen ihrer Söhne hielten, auch deswegen so glücklich, weil damals die Scheidungsraten in Österreich und in Deutschland fast explodierten. Bis 1960 lag die Scheidungsrate bei ca. 10% und stieg dann bis zum Jahre 2005 auf etwa 52%. Das bedeutet, dass bis 1960 nur wenige und danach mehr als die Hälfte der Ehen geschieden wurden.

Die Ursachen dafür waren vielfältig. Eine Hauptursache war die christliche Moralvorstellung, dass ein uneheliches Kind, das ja außerhalb der Ehe gezeugt wurde, eine schwere Sünde war. Viele Paare, bei denen die Frau schwanger wurde, haben daher noch vor der Geburt geheiratet, um der Schande eines außerehelichen Kindes zu entgehen. Man sprach dann scherzhaft nicht mehr von einer „Hochzeit", sondern von der „höchsten Zeit". Ein Geschlechtsakt kann ja ein tolles Erlebnis sein, aber als alleinige Basis für eine funktionierende Ehe ist er selten geeignet.

Zusätzlich hat sich in der zweiten Hälfte des letzten Jahrhunderts die Stellung der Frau in der Gesellschaft gravierend verändert. Die völlig untergeordnete Rolle in der Ehe löste sich auf, erste Schritte zu einer Gleichstellung wurden auch in den Familien bemerkbar. Früher haben es viele Frauen nicht gewagt, sich scheiden zu lassen. Eine geschiedene Frau – fast immer verlor die Frau und nicht der Mann die Unschuldsvermutung -, galt sogar als leicht anrüchig.

Für viele Ehen war eine Scheidung wirtschaftlich nicht denkbar. Das Einkommen des Mannes war für zwei Haushalte zu gering und für die geschiedene Frau war eine Berufsausübung sowohl aus zeitlichen Gründen als auch wegen einer fehlenden Ausbildung nicht denkbar.

Viele Familien wurden vor 1970 nicht deswegen nicht geschieden, weil sie so gut funktionierten, sondern weil eine Scheidung gar nicht in Frage kam. Früher war es nicht besser. Jetzt war es aber vielleicht ehrlicher.

Nach 2005 sinkt die Scheidungsrate bis heute auf ca. 35 %. Die Ursachen für das Sinken sind sowohl der Wegfall der „Zwangsheirat" durch Schwangerschaft (weniger „passierte" Schwangerschaften durch bessere Aufklärung und bessere Empfängnisverhütung) und durch die heutigen Möglichkeiten, dass auch alleinerziehende Mütter das Leben meistern können, wenn dies auch immer noch nicht einfach ist. Auch die Legalisierung der

Abtreibung unter bestimmten Umständen hat viele „Zwangs-ehen" verhindert.

Die Möglichkeit, schon vor einer Ehe eine gemeinsame Wohnung zu beziehen und sich besser kennen zu lernen, hat zwar manche Ehe, aber sicher mehr Scheidungen verhindert.

Vor allem die neu gewonnene Rolle der Frau in der Gesellschaft und in der Wirtschaft ermöglicht jetzt geschiedenen Frauen eine sichere wirtschaftliche Existenz. Zusätzlich sind die Einkommen derart gestiegen, dass Alimente, mit denen der geschiedene Teil leben muss, auch erwirtschaftet werden können.

Die Religion verlor in den letzten Jahrzehnten ihre dominante Stellung in der Gesellschaft. Die katholische Kirche hat Scheidun-gen verboten und keine weitere Ehe danach zugelassen. Dieses Kirchengesetz hat früher viele Scheidungen verhindert. Aber schon das Brechen eines Eides, den Eheleute bei der Hochzeit leisten, entsprach nicht den christlichen Moralvorstellungen. Die moralischen Verpflichtungen, die weitgehend vom christlichen Glauben ausgingen, verloren teilweise ihre strenge Wirkung. Da-gegen zu verstoßen, war nicht mit schrecklichen Folgen verbun-den. Einfach ausgedrückt: Vielleicht ist die Treue altmodisch ge-worden.

So sehr die Kirche teilweise ihre Macht missbrauchte, so bemer-ken wir heute doch, dass wir mit dem Zurückweichen des christ-lichen Glaubens einige Wertvorstellungen, die uns heute noch ganz gut helfen könnten, über Bord geworfen haben. Wer liefert künftig die Wertvorstellungen für unsere Gesellschaft? Der Staat, die Wissenschaft, die Politiker, die Wirtschaft …. Da war die Kir-che vielleicht doch nicht die schlechteste Lösung.

Die Rolle der Frau

Die Einstellung meiner Mutter zu den Rollen von Frau und Mann entsprach den Vorstellungen der Gesellschaft von damals: Der Mann war für die überwiegend körperlich anstrengenden Arbeiten, die weitgehend außerhalb des Hauses zu erledigen waren, zuständig und die Frau kümmerte sich um die Arbeiten im Haus.

In unserer Familie waren wir vier Männer. Es war fast unvorstellbar, dass Mama uns nicht bediente. Da sie den ganzen Tag im Haushalt war, war das für sie selbstverständlich. Das war kein Paschagehabe, das war die Tradition. Das war weder gut noch schlecht, das war Realität. Heute ist das nicht mehr vorstellbar.

Die Rollen von Mann und Frau haben sich in den letzten Generationen grundlegend geändert. Mann und Frau arbeiten nicht mehr im eigenen Haus, beide arbeiten auswärts. Daher ist auch eine Aufteilung der Arbeiten im Haus zwischen Mann und Frau notwendig und sinnvoll.
Daraus ergab sich ein Wandel der Geschlechterrollen in den letzten Jahrzehnten, den ich positiv beurteile und dem ich zustimme. Allerdings gehöre ich zu der ersten Generation, die umlernen musste, und ich bitte um Entschuldigung, dass ich noch immer beim Lernen bin. Die nachfolgenden Generationen haben es da etwas leichter.

Für meine Mutter gab es keinen Grund, uns bei Tisch nicht zu bedienen, uns selbst das Brot schneiden zu lassen..... Ihrer Einstellung nach sollte sich eine Frau auch nicht in der Politik stark machen. .... Diese und viele andere Einstellungen hatte sie gelernt und zu denen stand sie, wenn sie deswegen auch manchmal angegriffen wurde.

Trotz ihrer eher überkommenen Einstellung zur Rolle der Frau in der Familie, schaffte sie es, auch ihre Wünsche gegenüber meinem Vater durchzusetzen.

Und so, wie sie ihr Leben allein nach dem Ableben meines Vaters geschafft hat, zeigte sie sich auch als eine ganz starke Frau. Bis zu seinem Tod hatte sich mein Vater um alles gekümmert, was außerhalb der Familie zu erledigen war. Als sie alleine war, erledigte sie alles selbst, manchmal mit Unterstützung durch meinen Bruder. Erst in den letzten Lebensjahren war eine verstärkte Unterstützung notwendig.

Die Bedeutung der Religion

Eine besondere Einstellung hatte meine Mutter zur Religion. Sie glaubte an Gott. Die Gottesmutter war wichtig für sie und ließ sie auf Hilfe hoffen („Da bete ich ganz fest zur Gottesmutter."). Der regelmäßige Kirchgang hatte mehrere Hintergründe: Ein Teil war durch ihren Glauben an Gott bestimmt. Teilweise war es eine Untertänigkeit unter die Befehle der katholischen Kirche, die den Nichtbesuch des sonntäglichen Gottesdienstes noch immer als Sünde brandmarkte.

Vieles war einfach Tradition und Gewohnheit. Die Sonntagsmesse hatte aber auch eine soziale Bedeutung: Freunde, Bekannte und Verwandte sah man, Neuigkeiten hat man erfahren, über die aktuellen Modetrends war man informiert (Schließlich ging man ja mit der neuesten und schönsten Kleidung in die Kirche.).

Einige Stellen aus dem Buch meiner Mutter zum Glauben und zum Kirchgang:

Sonntag war ich mit der Familie von Robert in Hartkirchen in der Kirche, war sehr schön.

.. Wir waren um ½ 11 in der Kirche. Es ist halt erst ein richtiger Sonntag, wenn man in der Kirche war …

Die Rolle der Kirche in der Gesellschaft hat sich unvorstellbar verändert. Wenn es jemand interessiert, welche Position die Kirche und der Glaube in unserer Gesellschaft hatte, gebe ich gerne folgende Empfehlung: Schau dir die Bedeutung der Kirche und des Glaubens in islamischen Staaten heute an, dann siehst du genau, wie das Leben bei uns bis vor einigen Jahrzehnten ausgeschaut haben könnte.

Ihren Glauben hat meine Mutter in ihrer eigenen Art gelebt. So heißt es in einer ihrer Tagesaufzeichnungen:

Ich setzte mich auf die Bank neben der Zille. Ich nahm mir einen Eimer mit und wollte eigentlich das Wasser von der Zille ausschöpfen. Aber dann hatte ich doch Angst, daß ich ausrutschen könnte und in die Donau fallen könnte.
So setzte ich mich auf die Bank und genoß den schönen Anblick. Das kann man gar nicht beschreiben: Das schöne Schloß Neuhaus, der bunte Wald alle möglichen Farben, die schöne Donau mit den Schwänen und den Enten und da steht ganz ruhig die Zille, außer es kommt ein Schiff oder ein Motorboot, dann wird die Zille ein bisserl geschaukelt.
Und von so viel Schönheit ganz ergriffen, betete ich ganz im Stillen das Vaterunser …. Ich kann gar nicht beschreiben, was das für ein schöner Nachmittag das war.

Ist das nicht der eigentliche Gottesdienst?

Vor allem in den letzten fünfzig Jahren hat sich die Macht der Kirche - und hier vor allem der katholischen Kirche - und ihr Einfluss auf das tägliche Leben reduziert. Die Kirche hat über fast 2000 Jahre das tägliche Leben, wenn nicht ausschließlich, aber zumindest stark beeinflusst. Dabei ist der Machtmissbrauch nicht zu kurz gekommen. Als kleines, wahrscheinlich unbedeutendes

Beispiel fällt mir dazu mein Religionsunterricht in der Volksschule ein. Zu Beginn des Unterrichts musste jeder sagen, ob er am Sonntag in der Kirche war. Ein „nein" musste ausführlich begründet werden. Die Sonntagsmesse auszulassen, war kein Verbrechen, aber okay war das nicht. Manchmal kommen mir Zweifel, ob der Nutzen oder ob der Schaden durch die Kirche in den letzten 2000 Jahren größer war.

Mit dem schleichenden Wegfall der Macht der Kirche gingen aber auch Regeln verloren, die uns im Alltag nützten. Einige Beispiele dazu: Mit der Verpflichtung zur regelmäßigen Beichte musste sich jeder zumindest einmal im Jahr sein Verhalten überlegen. Wie oft denken wir heute darüber nach?
Die verordnete Sonntagsruhe hat für Entspannung gesorgt. Vielleicht hätten wir mit ein wenig mehr Kirche heute ein wenig weniger Burnout?
Wo finden wir heute die Gemeinschaft der kirchlichen Feste und Gottesdienste? ...

Mit einer teilweisen Abkehr von der Kirche, haben wir uns auch vom Versprechen der Kirche gelöst, dass uns die Herrlichkeit eines Himmels erwartet, wenn wir hier auf der Erde „regelkonform" leben. Vielleicht glauben wir heute, aufgrund unseres Lebensstandards bereits ein Leben wie im Himmel zu leben. Das reicht uns schon.
Unsere technischen Erfolge haben uns arrogant gemacht. Es gibt nichts – fast nichts – mehr, was wir nicht lösen. „Wenn man so viel Glück hat im Diesseits, wozu brauchen wir dann noch einen Gott? Wozu brauchen wir Besinnung, Bescheidenheit, Dankbarkeit ....?"[5] Wozu brauchen wir noch einen Gott, wenn wir ohnehin schon auf dem Weg zum Göttlichen sind?

---

[5] H. Senger-Weiss: Vom Verlust der Werte–ein Plädoyer für „altmodische Tugenden, in Erhard Busek (Hrsg.): Was haben wir falsch gemacht? Eine Generation nimmt Stellung, Krenmayr&Scheriau, Wien 2010, S. 216

Die Interessen im Alter

Obwohl wir Kinder unsere Mutter regelmäßig besuchten und ihr Kontakt zu ihren Hausnachbarn ein reger und regelmäßiger war, war sie vor allem in den letzten Lebensjahren eher rastlos. Es war schwer für sie, alleine zu sein.

Neben dem Aufenthalt in der Natur und neben der sportlichen Betätigung fuhr sie auch deshalb mit dem Rad so gern, um rauszukommen, vielleicht auch, um die Donau zu sehen und jemand zu treffen.

Kreuzworträtsel, die Kronenzeitung und Kartenspielen begeisterten sie bis zu ihrer Übersiedlung ins Altenheim.

Das Altenheim

So und jetzt bin ich in der Leumühle. Aber da ist Endstation.

Hier bleib ich, bis ich sterbe. Es gefällt mir sehr gut. Habe alleine ein sehr schönes Zimmer. ..... So jetzt leg ich mich ins Bett, heute ist die erste Nacht hier. Bin **so** müde

68 Vor dem Altersheim mit meinem Bruder

Die Funktionen der Altenheime, dann Seniorenheime und heute Pflegeheime, haben sich in den letzten Jahrzehnten einschneidend verändert. Bis zum Ende des letzten Jahrhunderts waren die Heime für alte Menschen wirklich noch Altenheime. Altenheime gab es aus zwei Gründen relativ wenige: Vor allem im ländlichen Bereich blieben die Alten noch im eigenen Familienbereich. Dies wurde mit dem Wegfall der Großfamilien, mit den kleineren Wohnungen und durch die stark schrumpfenden Familien immer schwieriger. Daher konnten die Alten nicht mehr alleine zu Hause leben, sondern gingen ins Altenheim.

Zusätzlich stieg die Lebenserwartung der Menschen in unserer Gesellschaft. Der Zustrom zu den Altenheimen verstärkte sich.

Früher starben viele Alte, bevor sie ernsthafte Krankheiten bekamen. Die höhere Lebenserwartung und die Fortschritte der Medizin führten dazu, dass es nicht nur immer mehr alte, sondern vor allem mehr alte und schwer kranke Menschen gab. Heute kommt man „nur" noch in ein Altenheim, inzwischen wohl eher Pflegeheim, wenn man die dafür erforderlichen Krankheiten vorweisen kann. Durch die erhöhte Anzahl von Alten und durch deren Gebrechlichkeit sind erhöhte Anforderungen entstanden, die unsere heutige Gesellschaft kaum bewältigen kann.

Leider gibt es auch beim Altern eine zweigeteilte Entwicklung: Die Reichen besorgen sich – teilweise mit öffentlicher Unterstützung – ihre eigenen Pflegekräfte. Die zweite Gruppe der pflegebedürftigen Alten kommt in Pflegeheime, die nur schwer die ihnen gestellten Aufgaben bewältigen können. Ein Vegetieren in diesen Heimen ist eine Gefahr, die wir nicht abwenden werden, wenn sich nicht einige unserer Grundeinstellungen ändern. Eine ähnliche Situation gab es auch schon in manchen Großfamilien in der Vergangenheit, in denen nicht immer alle Alten so ganz glücklich waren und teilweise schlechter als das Vieh im Stall behandelt wurden.

Wollen wir das Problem der Altenpflege und -betreuung wirklich ernsthaft angehen, müssen wir verschiedene unserer eigenen und der der Gesellschaft angelernten Grundeinstellungen überdenken. So könnte es sein, dass wir etwas von unserer Bequemlichkeit und von unserem Luxus zugunsten der Alten hergeben müssen.

Die Achtsamkeit im Alter

Meine Mutter war eine sehr bescheidene Frau. Mit fortschreitendem Alter wurde sie immer achtsamer für die großen „kleinen" Schönheiten in ihrer Welt.

Sie konnte sehr gut loslassen. Dabei vermittelte sie manchmal den Eindruck, als ob sie emotionslos sei. Besonders aufgefallen ist mir das bei ihrer Übersiedlung von ihrer Wohnung in das Altenheim. Obwohl sie über 50 Jahre in dem Haus in Aschach gewohnt hatte, hat sie nie eine traurige oder negative Reaktion auf diesen Einschnitt in ihr Leben gezeigt. Sie hat versucht, auch im Altenheim das Schöne zu sehen und hat dem Abschied von ihrem bisherigen Leben nicht nachgetrauert - zumindest hat sie nie darüber gesprochen.

Vielleicht habe ich auch von ihr meine Einstellung zum Altern „geerbt". Beim Altwerden müssen wir das schätzen, was uns noch möglich ist und dürfen nicht dem nachtrauern, was früher einmal war.

Obwohl sie das Altenheim wahrscheinlich wirklich nicht geliebt hat, haben wir selten eine zweifelhafte und nie eine absolute Ablehnung von ihr erlebt. Sie hat das Schöne gesehen, was auch ein Altenheim bieten kann:

….Ich muß jetzt schreiben, wo ich jetzt bin [*Sie muss es schreiben, weil es halt so ist.*]. Ich bin im Seniorenheim in der Leumühle bei Eferding, es ist ganz schön hier [*Die Begeisterung hält sich in Grenzen.*], ein ganz schöner Park ist dabei mit vielen großen Bäumen und ……

…. Mein Zimmer ist sehr schön, mit einem schönen Balkon, mit Aussicht auf eine Reihe von Fichtenbäumen …. Heute ist es besonders schön, weil der Himmel ganz blau ist und die Sonne herrlich scheint.

[*Zufrieden mit dem, was sie hat und wie es ist. Ein Gedanken, wie es daheim war oder sein könnte, taucht nicht mehr auf.*]

... Wir waren am meisten im Park. Da ist ja ein so schöner Park mit vielen Bankerln im Schatten ... Man ist doch nicht so allein, kann man etwas plaudern. Aber ich muss sagen, ich bin auch sehr gerne alleine.

Meine Mutter war sicher nicht begeistert vom Leben im Altenheim. Sie hat sich aber nie darüber beklagt. Im Psalm 31 heißt es: "Gott, gib mir die Gelassenheit, Dinge zu akzeptieren, die ich nicht ändern kann, den Mut, Dinge zu ändern, die ich ändern kann und die Weisheit das eine vom anderen zu unterscheiden." Vielleicht hat sie danach gelebt?

Anhang: Alles auf der und über die Donau

Ein Mittelpunkt im Leben meiner Mutter war die Donau. In einem Buch über meine Mutter dürfen daher Schifffahrt, Überfuhren und Brücken nicht fehlen.

Überfuhren und Brücken

Seit jeher bestand eine Rivalität zwischen dem rechten und dem linken Donauufer. Als in Aschach die neue Brücke errichtet wurde, kursierte dazu folgender Ausspruch: „Was der liebe Gott durch einen Fluss getrennt hat, soll der Mensch nicht mit einer Brücke verbinden." (Was sich liebt, neckt sich.)

Brücken gab es nur in den großen Orten. In erster Linie waren es die Überfuhren, die zu Überqueren der Donau eingesetzt wurden.

69 Die Überfuhr in Wesenufer und der Überführer

70 Die Überfuhr in Aschach

71 Betonsockel für das Seil der Überfuhr

72 Mit den vielen Radfahrern wurden die "kleinen" Überfuhren, die nur noch motorbetrieben sind, immer mehr

74 Die Brücke in Aschach im Bau

73 Die Aschacher Donaubrücke heute

Die Motorschiffe auf der Donau

Im Hinblick auf die Schifffahrt unterschied sich der obere Teil der Donau (Vom Schwarzwald bis Budapest) vor allem bis zum Einsatz von Dampfschiffen deutlich vom unteren Teil (Budapest bis zum Schwarzen Meer).

Der obere Teil war schmäler und reißender. Daher konnte der untere Teil leichter – vor allem stromaufwärts - befahren werden. Im unteren Teil wurde die Donau bis ins 20. Jahrhundert noch von Segelschiffen befahren. Außerdem wurde vor allem im unteren Teil die Donau als Anbindung an die Weltmeere gesehen. Mittelfristig setzte sich aber für die Transporte nach Österreich, Süddeutschland und die Schweiz der Weg über das Mittelmeer und die Adria (Genua, Triest, Rijeka etc.) durch.

Die Bedeutung der Donau als internationaler Warenverkehrsweg nahm damit ab. Interessante Details dazu findest du in dem Buch von Ernst Themistokles von Karwinsky, Erinnerungen eines Donauschiffers 1861 bis 1883, entstanden aus der Zusammenarbeit von Otto Pacher, Franz Dosch, Gertrud Hinterhofer und Stefan Hammer (Verlag Vogelmedia, Bisamberg 2023).

Lange war die DDSG (Die Donau-Dampfschifffahrtsgesellschaft) im Schiffsverkehr auf der Donau dominant.

75 Von den Anfängen der Dampfschifffahrt
die Maria Anna

Frachtschiffe

76 Schlepper   77 Schlepper in der Schleuse   78 Schubschiff

79 Ein moderner Alleinfahrer   80 Schlepperformation

81 Die Austria   82 Stapellauf der Währing

Personenschiffe

83 Das Dampfschiff Aschach

.In den Erinnerungen meiner Mutter heißt es: „Habe soeben das Lied gehört: ‚Das Schifflein schwingt sich dauni vom Land…Da fiel mir meine Schulzeit ein, wenn das Personenschiff neben uns so dahin fuhr, das hieß Aschach. Da haben wir das Lied immer gesungen."

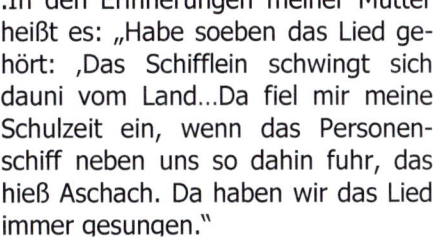
85 Mozart

84 Johann Strauss

87 Stadt Passau

86 Schönbrunn

89 Theodor Körner

88 Prinz Eugen

Das Leben der
Cäcilia Markschläger

10.02.1925
Geburt in Niederkappel, Ortschaft Grafenau
als Cäcilia Staltner, Tochter von Franz und
Pauline Staltner

90 Der Raddampfer Cäcilia

1927 – 1938
Übersiedlung nach und Kindheit in Inzell an der Donau

1938 – 1948
Haushaltshilfe in Wesenufer an der Donau

20.07.1946
Verlobung mit Alois Markschläger

19.+20.07.1947
standesamtliche in Waldkirchen und kirchliche Trauung in Wesenufer

09.08.1947
Geburt des ersten Sohnes Helmut in Wesenufer

1947
Übersiedlung nach Inzell an der Donau

1948
Übersiedlung nach Aschach an der Donau in die Abelstraße

22.04.1949
Geburt des zweiten Sohnes Alois in der Abelstraße

1949
Übersiedlung in die Ritzbergerstraße

05.03.1957
Geburt des dritten Sohnes Robert in der Frauenklinik in Linz

1961
Übersiedlung auf den Sierner in Aschach an der Donau

26.10.1976
Tod des Ehegatten Alois Markschläger

1977
Übersiedlung in eine kleinere Wohnung im Haus am Sierner (witwengerecht).

2003
Oberschenkelhalsbruch mit Krankenhausaufenthalt und anschließender Reha. Mama wird wieder völlig gesund und kann auch wieder ihrer Leidenschaft, dem Radfahren, nachgehen.

2008
Mit einer Gürtelrose und einem Krankenhausaufenthalt beginnen erste gesundheitlichen Probleme. Wahrscheinlich durch zu starke Medikamente treten seelische Störungen auf und sie muss wieder ins Krankenhaus.
Aufgrund einer beginnenden Demenz wird eine Übersiedlung in ein Pflegeheim notwendig. Zuerst kommt sie nach Gaspoltshofen und dann in die Leumühle nach Eferding.
Ab 2011 treten wiederholt verschiedene Erkrankungen auf, die jedoch keine längeren Krankenhausaufenthalte erfordern.

15.05.2012
Nach mehreren kurzen Krankenhausaufenthalten ohne bedrohliche Erkrankungen entschläft unsere Mutter „unbemerkt" im Krankenhaus. Unvergesslich bleibt mir ihr zufriedener Gesichtsausdruck. Sie hatte die Welt zufrieden verlassen. Ein Tod, wie sie ihn sich gewünscht hatte. Offensichtlich war sie eine so starke Frau, dass sie auch alleine mit dem Tod zurecht kam.

Schlussbetrachtung

Das Leben in den letzten einhundert Jahren war in Österreich turbulent. Nicht alles war gut, viele Katastrophen mussten die Menschen in dieser Zeit erleben.

Ich hatte den Vorteil, in den schönsten fünfundsiebzig von diesen hundert Jahren zu leben. Es gab keinen Krieg, wir mussten nicht hungern ...
Und in den letzten fünfzig Jahren durfte ich einen Wohlstand erleben, von dem ich als Kind nicht einmal zu träumen wagte und den sich viele, die in diesen einhundert Jahren gelebt haben, gar nicht vorstellen konnten.

Ob alle unsere Errungenschaften für die Gesellschaft und für die Menschheit wirklich so positiv sind, wie wir sie heute sehen oder wie wir das oft und gerne behaupten, werden unsere Nachkommen beurteilen. Nicht nur Schönes hinterlassen wir.

Damit ist das Motto für die nächsten einhundert Jahre gleich wie für die letzten: „Es gibt immer was zu tun." Und das ist nicht wenig.

Mein Wunsch an die nächsten Generationen ist, dass sie auch meine Schlussworte sprechen können:

„Danke, dass ich hier sein durfte. Es war sehr schön."

Besonders berührt mich, dass ich dieses Danke von meiner Mutter übernehmen konnte, die es viel schwerer hatte hat als ich. Aber wenn man das Leben liebt, ist das Leben schön.

Bildnachweis

Besonders bedanken möchte ich mich für die zur Verfügung gestellten Bilder bei der Marktgemeinde Aschach (Auf https://aschach.topothek.at können über 5.000 Bilder von Aschach angesehen werden.) insbesondere dem Gemeindearchivar, Hrn. Armin Bernauer, bei Hrn. Franz Dosch (DDSG-Direktor in Ruhe, einem wirklichen Donauspezialisten), bei Ingrid Oberndorfer, bei der Familie Pankraz und bei dem Zillenmuseum Wesenufer (absolut sehenswert) und seinem Obmann, Hrn. Witti.